Willand

Babys und Kleinkinder

Babys und Kleinkinder

Die 6 Grundbedürfnisse kennen und achten: So unterstützen Sie die frühkindliche Entwicklung

Annette Willand

TRIAS

Bibliografische Information der Deutschen Nationalbibliothek

Die Deutsche Nationalbibliothek verzeichnet diese Publikation in der Deutschen Nationalbibliografie; detaillierte bibliografische Daten sind im Internet über http://dnb.d-nb.de abrufbar.

1. Auflage 2022

TRIAS Verlag in Georg Thieme Verlag KG
Rüdigerstraße 14, 70469 Stuttgart, Germany

www.trias-verlag.de

Printed in Germany

Programmplanung: Kathleen Rother
Projektmanagement: Kathrin Hage
Redaktion: Magdalena Kieser
Bildredaktion: Christoph Frick
Umschlaggestaltung: © Thieme
Bildnachweis:
Umschlagmotiv: © yana136/stock.adobe.com – posed by a model
Autorinnenfoto: Franziska Fleckenstein
Zeichnungen: Susi Schaaf, Bellheim
Satz: Ziegler und Müller, text form files, Kirchentellinsfurt
Druck: Westermann Druck Zwickau GmbH, Zwickau

ISBN 978-3-432-11607-5 1 2 3 4 5 6

Auch erhältlich als E-Book:
eISBN (epub) 978-3-432-11608-2

Wo datenschutzrechtlich erforderlich, wurden die Namen und weitere Daten von Personen redaktionell verändert (Tarnnamen). Dies ist grundsätzlich der Fall bei Patienten, ihren Angehörigen und Freunden, z. T. auch bei weiteren Personen, die z. B. in die Behandlung von Patienten eingebunden sind.

Wichtiger Hinweis: Wie jede Wissenschaft ist die Medizin ständigen Entwicklungen unterworfen. Forschung und klinische Erfahrung erweitern unsere Erkenntnisse. Ganz besonders gilt das für die Behandlung und die medikamentöse Therapie. Bei allen in diesem Werk erwähnten Dosierungen oder Applikationen, bei Rezepten und Übungsanleitungen, bei Empfehlungen und Tipps dürfen Sie darauf vertrauen: Autoren, Herausgeber und Verlag haben große Sorgfalt darauf verwandt, dass diese Angaben dem Wissensstand bei Fertigstellung des Werkes entsprechen. Rezepte werden gekocht und ausprobiert. Übungen und Übungsreihen haben sich in der Praxis erfolgreich bewährt.

Eine Garantie kann jedoch nicht übernommen werden. Eine Haftung des Autors, des Verlags oder seiner Beauftragten für Personen-, Sach- oder Vermögensschäden ist ausgeschlossen.

Marken, geschäftliche Bezeichnungen oder Handelsnamen werden nicht in jedem Fall besonders kenntlich gemacht. Aus dem Fehlen eines solchen Hinweises kann nicht geschlossen werden, dass es sich um einen freien Handelsnamen handelt.

Thieme Publikationen streben nach einer fachlich korrekten und unmissverständlichen Sprache. Dabei lehnt Thieme jeden Sprachgebrauch ab, der Menschen beleidigt oder diskriminiert, beispielsweise aufgrund einer Herkunft, Behinderung oder eines Geschlechts. Thieme wendet sich zudem gleichermaßen an Menschen jeder Geschlechtsidentität. Die Thieme Rechtschreibkonvention nennt Autor*innen mittlerweile konkrete Beispiele, wie sie alle Lesenden gleichberechtigt ansprechen können. Die Ansprache aller Menschen ist ausdrücklich auch dort intendiert, wo im Text (etwa aus Gründen der Leseleichtigkeit, des Text-Umfangs oder des situativen Stil-Empfindens) z. B. nur ein generisches Maskulinum verwendet wird.

Die Autorin

Annette Willand ist Diplompsychologin am Bernard Lievegoed Institut in Hamburg. Nachdem sie eine Psychotherapieausbildung abgeschlossen und mehrere Jahre in der psychologischen Forschung gearbeitet hatte, spezialisierte sie sich mit Weiterbildungen z. B. in psychologischer Diagnostik, Entwicklungsdiagnostik, Embodiment-Concept, Sonderpädagogik, Floortime™ und Bindungspsychologie auf Kinder. Seit vielen Jahren ist sie jetzt als Elternberaterin und Dozentin für Pädagog*innen tätig, was sie motiviert hat, diesen einzigartigen Ratgeber zu verfassen. Sie lebt mit ihrer Familie in Hamburg.

Inhalt

Einleitung

Eltern wollen mit ihren Kindern möglichst viel richtig bzw. gut machen. Da ihr erstes Kind jedoch nicht selten das erste Baby überhaupt ist, das sie in ihren Armen halten, haben sie ein großes Informationsbedürfnis: Sie informieren sich in Büchern, im Internet und im Fernsehen, und sie holen sich Rat von bekannten und befreundeten Müttern und Vätern, von ihren Eltern oder auch von Fachleuten. Die Flut an verfügbaren Informationen führt leicht dazu, dass die frischgebackenen Eltern den Wald vor lauter Bäumen nicht mehr sehen und gar nicht unterscheiden können, welche Informationen, Tipps und Meinungen tatsächlich wichtig oder gar »richtig« sind. So machen sich manche Eltern möglicherweise Gedanken darüber, mit welchem Brei sie das Zufüttern starten sollten, statt den richtigen Zeitpunkt dafür abzupassen – was tatsächlich viel wichtiger wäre.

Eltern suchen auch – gerade, wenn sie von teilweise widersprüchlichen Informationen überrollt werden – Orientierung an Vorbildern: Sie schauen, wie es andere Eltern in Nachbarschaft und Verwandtschaft oder im Freundeskreis so machen, nicht zu vergessen der unbewusste Modellcharakter von Geschichten, Filmen, bekannten Persönlichkeiten und Ähnlichem. Von überall her werden dann leider auch Verhaltensweisen und Ansichten übernommen, die nicht gut bzw. nicht förderlich für die Entwicklung des Kindes sind. Unglücklicherweise tragen diese Eltern als Vorbild für andere Eltern somit dazu bei, dass sich diese Dinge weiterverbreiten und immer selbstverständlicher werden. Ein Beispiel hierfür: Plötzlich werden alle Kinder im Kinderwagen mit Blick nach vorn geschoben. Das hat allerdings keinerlei Vorteile, sondern nur Nachteile für das Kind. Aber die meisten Eltern schieben ihr Kind auf diese Weise, sobald es sitzen kann. In meinen Gesprächen mit Eltern im Geburtshaus Hamburg werde ich oft gefragt, ab wann es denn nun gut sei, das Kind nach vorn schauen zu lassen. Die Eltern können sich also gar nicht vorstellen, dass dieses Vorwärts-Schieben an und für sich und im gesamten »Schiebealter«

nicht empfehlenswert ist – so selbstverständlich und allgegenwärtig ist es für sie geworden.

Dass Eltern ihre Kinder nicht immer so gut begleiten und unterstützen, wie sie es eigentlich möchten, zeigt sich oftmals auch in – häufig unbewusst – verinnerlichten Konzepten über die Entwicklung von Kindern, über deren Empfindungen, Motive und Möglichkeiten und über die »Erziehung«, die sie angeblich von uns brauchen. Diese Konzepte erschweren die Bewertung und Gewichtung von Informationen und die Entscheidung für geeignete Vorbilder.

Dieses Buch ist aus einem Vortrag für sogenannte »Offene Themenabende« im Geburtshaus Hamburg entstanden. Gemeinsam mit einer ehemaligen Kinderkrankenschwester, die inzwischen seit vielen Jahren als Homöopathin vor allem mit Babys und Kleinkindern und deren Müttern arbeitet, wollte ich junge Eltern vor Fehlern bewahren, die einerseits gravierend, andererseits völlig vermeidbar sind.

Diese Fehler hatten wir als Mütter teilweise mit unseren eigenen Kindern gemacht, da wir damals noch nicht unseren beruflichen Erfahrungshintergrund und das Fachwissen hatten, um es besser zu wissen. Bei unserer Arbeit stoßen wir zudem immer wieder auf eben diese Fehler: Meine Kollegin in ihrer Praxis, ich am Institut in der Entwicklungsdiagnostik und Elternberatung, wenn Eltern ihre Geschichte mit ihren Babys und kleinen Kindern erzählen. Immer wieder hören wir die Frage, die auch wir uns damals immer wieder stellten: »Warum hat mir das denn keiner vorher gesagt!?« Offenbar fehlt es Eltern nach wie vor an wesentlichen Informationen und Orientierung, sodass sie immer noch unreflektiert irreführende oder falsche Konzepte übernehmen.

Ziel dieses Buches ist es, häufig gemachte und zugleich relevante Fehler im Umgang mit Babys und kleinen Kindern vermeiden zu helfen. Die positive Resonanz der jungen Eltern, mit denen ich im Geburtshaus sprechen konnte, haben mich dabei ermutigt, Fehler auch als solche zu bezeichnen.

Eltern, vor allem junge Mütter, werden heutzutage dahingehend bestätigt, dass sie alles richtig machen, dass sie eine gute Mutter sind, dass sie kompetent sind und ihrer inneren Stimme trauen können, dass es nicht an ihnen liegt, wenn ihr Baby schreit usw.

Diese Form der Bestärkung hat selbstverständlich in weiten Bereichen ihre Berechtigung. Allerdings halte ich wenig davon, die Grenzen dieses Grundvertrauens in elterliche Kompetenzen nicht aufzuzeigen und aus fachlicher Sicht eindeutig ungünstiges Verhalten nicht auch als Fehler klar zu benennen. Eltern, und auch junge Mütter, haben ein Bedürfnis nach und ein Recht auf Aufklärung, und ich traue es ihnen absolut zu, mit Fehlern umzugehen und sich so als Eltern zu entwickeln. Nie geht es dabei um Perfektion. Als Eltern müssen wir damit leben, mit unseren Kindern Fehler gemacht zu haben und zu machen, unter Umständen auch gravierende. Es geht darum, es möglichst gut gemacht bzw. das Beste gegeben zu haben, zumindest in den Punkten, auf die es ankommt.

Grundlage für die Identifikation häufig gemachter und relevanter Fehler ist einerseits mein Fachwissen aus Psychologie, Pädagogik und Hirnforschung, andererseits mein langjähriges Erfahrungswissen aus meiner Arbeit in der Entwicklungsdiagnostik und Elternberatung im Bernard Lievegoed Institut in Hamburg. Hinzu kommt das Fach- und Erfahrungswissen von Kolleg*innen aus der Physiotherapie, Ergotherapie, Physiologie und Medizin, mit denen ich regelmäßig zusammenarbeite, und von Erzieher*innen und Lehrer*innen, mit denen ich in unseren Weiterbildungen im Institut stets im Austausch stehe. Und auch wenn das Buch nicht aus dieser Perspektive geschrieben ist, so hat der anthroposophische Blickwinkel des Bernard Lievegoed Instituts mein eigenes Verständnis für die Themen, um die es hier geht, doch maßgeblich mit beeinflusst.

Zum Aufbau des Buches: Im I. Teil des Buches vermittle ich wesentliches Grundwissen über die Entwicklung von Babys und Kleinkindern, damit Sie die beiden folgenden Teile des Buches besser verstehen können.

Im II. Teil greife ich verbreitete falsche Konzepte und Irrtümer über Kinder und ihre Entwicklung auf und widerlege sie.

Im III. Teil, der auch für sich gelesen werden kann, gibt es konkrete Dos and Don'ts für den Alltag mit Kind, mit denen sich Fehler im obigen Sinne vermeiden lassen.

Die illustrierenden Fallbeispiele handeln zum Teil von älteren Kindern und zeigen auf, wie sich ungünstiges Verhalten im Laufe der Entwicklung auswirken kann – eine Perspektive, die ich in der Elternberatung häufig habe, die Eltern von Babys bzw. Kleinkindern leider aber meist nicht zugänglich ist.

Einschub: Mama, Papa und Eltern

Wie an einigen Stellen des Buches herauszulesen sein wird, kann jede erwachsene Person eine elterliche Bezugsperson für ein Baby oder Kleinkind sein bzw. werden. Und selbstverständlich gilt das z. B. unabhängig von ihrem Verwandtschaftsgrad, ihrem Geschlecht oder ihrer Geschlechtsidentität.

Gleichzeitig ist es Fakt, dass die allererste und allerwichtigste Bezugsperson im Regelfall die Mutter ist. Und das ist – falls diese feinfühlig und verlässlich ist – auch gut so: Denn die Mutter hat durch die Schwangerschaft bereits eine Bindung zum Baby aufgebaut. Das Baby kennt bereits Mamas Stimme, Herzschlag, Geschmack bzw. Geruch. Und beide haben eine enge körperliche Bindung, die in der Stillbeziehung ihre Fortsetzung findet.

Ebenso ist es Fakt, dass der Vater meistens die zweitwichtigste Bezugsperson ist. Und auch das ist gut so: Er kann die kleine »Dyade« Mama–Kind unterstützen und schützen und nach und nach – sofern auch er feinfühlig und verlässlich ist – eine intensive Bindung zum Kind aufbauen.

Im Regelfall haben Mama und Papa etwas unterschiedliche Rollen in Bezug auf das Kind: Während Mamas eher dazu neigen, fürsorglich und beschützend/bewahrend zu sein, haben Papas eher die Tendenz, die Kinder an Herausforderungen und Grenzen heranzuführen. Und auch das ist gut so, weil es sich wunderbar ergänzt.

Neben diesen »Regelfällen« und allgemeinen Tendenzen gibt es selbstverständlich eine Unmenge an Variation, sei es in der Familien- oder Paarkonstellation, in der sexuellen Orientierung oder sexuellen Identität der Elternteile, im Charakter der Elternteile, im Lebensentwurf oder schlicht in dem, was das Schicksal mit sich bringt. Und glücklicherweise sind unsere Kinder so anpassungsfähig, dass sie unter vielen verschiedenen Bedingungen gesund und glücklich groß werden können.

In jedem Falle sind in diesem Buch mit »Mama« und »Papa« und mit »Eltern« immer alle gemeint, die zu den ersten und engsten Bezugspersonen des Babys und Kleinkindes zählen.

1. Was wirklich wichtig ist zu wissen

Besonderheiten von Menschenkindern

Frühgeborene mit standardisierter Erstausstattung

Menschenkinder sind neurophysiologisch unreif, wenn sie auf die Welt kommen. Verglichen mit der Reife von neugeborenen Schimpansenbabys z. B. fehlen ihnen sieben Monate. So erreichen sie wesentliche motorische (z. B. das »Gehen«) und kommunikative (z. B. die »Sprache«) Meilensteine deutlich später.

Unsere Kinder werden also eigentlich zu früh geboren. In der Forschung werden sowohl das durch den aufrechten Gang enger gewordene Becken der Mütter als auch der im Laufe der Evolution immer größer werdende Kopf der Babys dafür verantwortlich gemacht.

Im Vergleich zu anderen Säugetieren fällt folgerichtig bei Menschenkindern auf, dass sie eine lange Kindheit haben. Sie bleiben verhältnismäßig lange von ihren Eltern abhängig und brauchen sehr lange, bis sie alle Fähigkeiten für ein eigenständiges Leben entwickelt haben. Erst mit etwa 14 Jahren beginnt die Fähigkeit zu eigenverantwortlichem Entscheiden und Handeln auszureifen. Interessanterweise weiß unser Strafrecht darüber Bescheid: Mit 14 Jahren ist das Kind zwar strafmündig, bis zum 21. Lebensjahr wird jedoch noch das Jugendstrafrecht angewandt. So lange dauert es nämlich, bis junge Menschen nicht mehr auf Unterstützung und Begleitung ihrer Bezugspersonen angewiesen und tatsächlich in der Lage sind, eigenverantwortlich zu handeln.

Alle diese im Grunde genommen zu früh auf die Welt gekommenen Neugeborenen sind von Anbeginn der Menschheit und auf jedem Kontinent im Wesentlichen gleich. Sie alle werden ohne Kleidung am Körper und ohne Kenntnis der kulturellen Gegebenheiten geboren. Sie alle sind überwältigt von den ungefilterten Geräuschen, dem grellen Licht, dem Zug der Schwerkraft auf der festen Unterlage, den Berührungen auf der Haut, der plötzlichen Bewegungsfreiheit der Arme und Beine. Kein Baby ist auf Straßenlärm, Bildschirme, Handys,

Fertiggerichte und andere Errungenschaften des modernen Lebens vorbereitet. Stattdessen haben alle Babys dieselben Bedürfnisse, Interessen und Fähigkeiten – genau wie die Babys der Steinzeit, des Mittelalters oder der 1950er-Jahre. Sie alle brauchen den gleichen Schutz, die gleiche Liebe und Geborgenheit, die gleiche Nahrung. Sie alle brauchen die gleichen Möglichkeiten, sich ihren Körper und die Welt zu eigen zu machen. Und sie alle schreien »mit dem ganzen Körper«, wenn diese Grundbedürfnisse nicht befriedigt werden, bzw. sind aufmerksam und interessiert oder schlafen friedlich, wenn diese Bedürfnisse befriedigt werden. Ebenso entwickeln sie sich alle – sofern gesund – prächtig, wenn ihre wesentlichen Bedürfnisse befriedigt werden, während sie »eingehen«, wenn dies nicht der Fall ist.

Selbstverständlich gibt es genetische Unterschiede und auch individuell verschiedene pränatale Vorerfahrungen. Dennoch werden alle Babys zunächst nur mit einer Art »standardisierter Erstausstattung« geboren, die noch wenig festlegt. Das ermöglicht den Kindern im Folgenden, von ihrer individuellen Umwelt geprägt zu werden bzw. in ihre jeweiligen Lebensbedingungen, ihre Gesellschaft und Kultur, in ihre Zeit hineinzuwachsen. Diese große Anpassungsfähigkeit des Menschen hat über die Jahrtausende und in so vielen Regionen der Erde sein Überleben als Art gesichert.

Kleine Menschenkinder haben sechs existenzielle Grundbedürfnisse

Existenziell bedeutet, dass, wenn diese Bedürfnisse (oder auch nur eines davon) nicht ausreichend befriedigt werden, das Kind nicht gedeiht, krank wird oder sogar stirbt.

Die sechs Grundbedürfnisse sind:

- Das Kind hat physiologische Bedürfnisse, z. B. nach Essen, Trinken, Schlaf, Pausen, Bewegung, Wärme und frischer Luft.
- Das Kind hat das Bedürfnis, vor unangenehmen Reizen und möglichen Bedrohungen geschützt zu werden, z. B. vor Kälte, Hitze, Schmerz, Lärm oder grellem Licht.

- Das Kind hat das Bedürfnis, mit allen Sinnen wahrzunehmen: sich selbst – seine Hautgrenze, seine inneren vegetativen Prozesse, seine eigenen Bewegungen, seine Position im Raum und sein Verhältnis zur Welt – und die Welt, indem es diese sehen, hören, riechen, schmecken und betasten kann.
- Das Kind hat das Bedürfnis nach Selbstwirksamkeit. Es braucht also die Erfahrung, mit seinem Verhalten etwas bewirken oder verändern zu können.
- Das Kind hat ein Bindungsbedürfnis: Es möchte sich an eine oder mehrere Personen binden, die ihm emotional zugewandt sind, ihm Trost und Schutz geben und sicherstellen, dass alle seine existenziellen Bedürfnisse befriedigt werden.
- Das Kind hat ein Explorationsbedürfnis, es ist neugierig und möchte die Welt erkunden.

Kurz und knapp: Was braucht das Baby?

Betrachten wir die existenziellen Bedürfnisse unter dem Aspekt der (zu) frühen Geburt und langen Kindheit, kann das nur heißen: Das Baby braucht für eine lange Zeit – mindestens mehrere Monate – das Leben in etwa so wie in Mamas Bauch!

In Bezug auf die physiologischen Bedürfnisse: Es gibt jederzeit etwas Körperwarmes und Verträgliches zu essen und zu trinken, es ist immer mollig warm, für Sauerstoff ist gesorgt, Schlafen und Pausemachen ist jederzeit möglich.

In Bezug auf den Schutz vor unangenehmen Reizen: Die Geräusche sind gedämpft, es herrschen Temperaturen entsprechend der eigenen Körpertemperatur, das Licht ist schummrig, Berührungen sind immer angenehm.

In Bezug auf die Wahrnehmung mit allen Sinnen: Es gibt Berührung und Druck auf der Haut (enge Begrenzung), das Baby erlebt seine Müdigkeit und Wachheit, seinen Hunger und seine Sättigung, es wird im Arm geschaukelt, es kann Mama riechen und schmecken, es hört Papas Stimme …

In Bezug auf die Selbstwirksamkeit: Mama und Papa kommen, wenn es schreit, und machen, dass es ganz schnell wieder (fast) so gut wird wie in Mamas Bauch.

In Bezug auf das Bindungsbedürfnis: Mama ist immer ganz nah und weiß, was gebraucht wird, um zu überleben und – besser noch – um sich wohlzufühlen.

In Bezug auf das Explorationsbedürfnis: Das Baby erforscht sich und alles um sich. Es erforscht die Gesichter der Eltern. Es erforscht den allernächsten Umkreis: das Nestchen des Stubenwagens, den baumelnden Engel über dem Wickeltisch, das Bimmeln des Klangspiels, das aus dem Flur zu hören ist, das Licht, das durch die Gardine fällt …

Kurz und knapp: Was braucht das Kleinkind?

Schauen wir auf das Kleinkind, so sind die Bedürfnisse an sich recht gleich geblieben, auch wenn sich die Art der Bedürfnisbefriedigung dem Alter entsprechend etwas verändert hat:

In Bezug auf die physiologischen Bedürfnisse: Es gibt in regelmäßigen Abständen ausreichend Nahrung und Trinken, es ist meistens warm, es gibt viel Bewegung an der frischen Luft, es gibt regelmäßige Schlafens- und Pausenzeiten.

In Bezug auf den Schutz vor unangenehmen Reizen: Die Geräusche sind nicht allzu laut, die Temperaturen nicht zu kalt oder heiß, das Licht nicht zu grell und Berührungen, z. B. von Mamas Händen oder der Kleidung, sind überwiegend angenehm.

In Bezug auf die Wahrnehmung mit allen Sinnen: Das Kind nimmt seinen Körper in seinen Grenzen, seinen inneren Prozessen, seinen Bewegungen und seiner Position im Raum immer besser wahr. Es riecht, schmeckt, sieht und hört Mama, Papa und alles, was es sonst zuhause gibt. Es riecht, schmeckt, sieht und hört den Weg zum Ententeich, den Fußweg zur nächsten Ecke, die Sandkiste auf dem Spielplatz. Alles wird angefasst und ertastet, damit es weiß, wie es sich anfühlt.

In Bezug auf die Selbstwirksamkeit: Das Kleinkind wird immer geschickter und kann schon ganz viel: Es läuft, wohin es möchte, klettert hoch hinaus und setzt sich seine Mütze allein auf. Wenn es hungrig ist, holt es sich eine Reiswaffel vom Tisch. Wenn das Kind müde ist, nimmt es seine Schnuffeldecke und kuschelt sich in die Sofaecke. Wenn jemand das Spielzeug wegnehmen will, hält es es fest. Und es kann die Welt verändern, z. B. Schubladen aufziehen und ausräumen, Rasseln herunterwerfen und von Papa wieder aufheben lassen, mit Bauklötzen Türme bis in den Himmel bauen und sie mit einem Riesenkrawums umwerfen!

In Bezug auf das Bindungsbedürfnis: Mama, Papa und Oma geben Schutz, wenn das kleine Kind verunsichert, verängstigt, in Not ist oder einfach mal wieder »Nähe tanken« möchte.

In Bezug auf das Explorationsbedürfnis: Das Kind erforscht und erprobt immer mehr von seinem Körper: wie er sich anfühlt, was er alles kann. Es studiert Mama und Papa und andere Menschen. Und es erforscht in immer größerem Umkreis die Welt, wobei es sich immer mutiger von Mama und Papa entfernt.

Mit den Kindern wachsen

Eigentlich könnte das Buch hier enden, und Sie könnten auf dieser Basis nun mit Ihrem Kind wachsen. Denn im Grunde genommen bleiben die Bedürfnisse eines Kindes immer dieselben – nur die Art, wie sie befriedigt werden können, wandelt sich mit dem Älterwerden. Und es kommen später noch ein, zwei hinzu, wie z. B. der Wunsch nach Sinnhaftigkeit und Selbstverwirklichung. Aber Sie könnten Ihrer inneren Stimme vertrauen, dass Sie diese Veränderungen schon bemerken werden und Sie sich gemeinsam mit Ihrem Kind als Mutter oder Vater entwickeln werden.

Allerdings sind der inneren Stimme Grenzen gesetzt, nämlich dort, wo Eltern schlicht Dinge wissen müssen, um sie richtig zu machen und dieses Wissen (immer noch) nicht selbstverständlich ist.

Außerdem kommt die innere Stimme auch dort, wo sie instinktiv eigentlich richtigliegt, gerne mal abhanden. Dann nämlich, wenn man Stimmen liest oder hört, die Gegenteiliges behaupten, Eltern sieht, die alles anders machen, oder auch, wenn die Schwiegermutter meint, einen guten Tipp geben zu müssen. Oder wenn man in der Flut der angebotenen Informationen »den Wald vor lauter Bäumen nicht mehr sehen kann« und in der Folge nicht mehr weiß, was wirklich wichtig ist zu wissen und dann auch wichtig ist zu machen – oder besser zu lassen. In solchen Momenten ist es gut, über das Nötigste Bescheid zu wissen, mit sachlichen Fakten. Der folgende Buchteil wird dafür die Basis legen.

Die Entwicklung eines Kindes

Stein auf Stein

Die Entwicklung eines Kindes wird von zwei interagierenden Dingen vorangetrieben: von Erfahrungen und von Reifung. Erfahrungen stoßen genetisch angelegte Reifeprozesse an, die wiederum neue Erfahrungen ermöglichen. Was wiederum Reifeprozesse zur Folge hat usw. Zum Beispiel hört ein kleines Kind alle Geräusche noch als einheitlichen Klangteppich. Es kann einzelne Geräusche nicht herausfiltern. Es dauert etwa bis zum Alter von 10 Jahren, bis ein Kind wie ein Erwachsener eine Geräuschquelle unter vielen lokalisieren und auf das einzelne Geräusch fokussieren kann. Dieser Reifeprozess ist genetisch festgelegt und lässt sich nicht von außen beschleunigen. Allerdings braucht er Anstöße von außen: Nur mit vielerlei Bewegungs- und Hörerfahrungen wird das genetische Potenzial voll ausgeschöpft, eventuell bis hin zum Dirigenten, der den kleinsten Misston im Orchester und seinen Auslöser zu identifizieren vermag.

Was bedeutet das? Entwicklungsschritte bauen aufeinander auf, es ist also vergebliche Mühe oder zumindest nicht förderlich, Schritt 4 vom Kind zu erwarten, bevor es Schritt 3 gemacht hat. Zudem richten sich Entwicklungsschritte nach inneren Zeitfenstern (Reifungsprozessen), wodurch es zusätzlich sinnlos ist, Entwicklungen beschleunigen zu

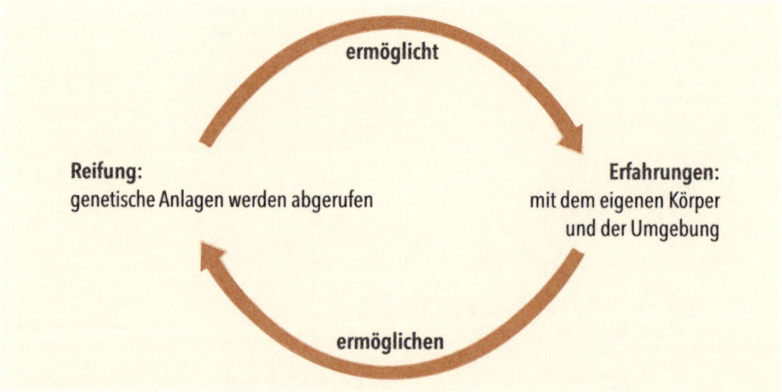

Interaktion von Reifung und Erfahrung.

wollen. Noch kürzer gesagt: »Gras wächst nicht schneller, wenn man dran zieht.«

Ein Beispiel aus dem Geburtshaus

Eine Mutter fragt: »Mein Sohn kann inzwischen fast laufen, meine Mutter möchte ihn immer an beiden Händen halten und mit ihm rumlaufen, weil sie meint, er müsse üben. Aber ich bin mir nicht sicher, ob das gut ist.«

Meine Antwort: »Tatsächlich ist das ungünstig. Erstens, weil die Oma dem Kleinen damit etwas ›wegnimmt‹, nämlich die großartige Erfahrung, selbstständig und ganz allein Laufen gelernt zu haben. Und zweitens, weil sich das Laufen gar nicht verbessern kann, wenn es noch nicht gekonnt wird. Zuvor müssen beim Krabbeln und Hochziehen noch bestimmte Muskelgruppen, Koordination und Gleichgewicht trainiert werden. Dann erst wird das Kind das Laufen und das Laufen-Üben von allein können.

Stattdessen hängt der Sohn nun mit Überlistung von Gleichgewicht und Schwerkraft und unter Umgehung von zielführendem Muskeltraining an den Händen und vollführt physiologisch ungesunde Bewegungen. Es wird also gar nichts geübt dabei; wenn überhaupt, dann nur, nicht auf sich selbst zu vertrauen.«

Was nach außen geschieht

Das Erste, was Eltern den Eindruck vermittelt, dass sich ihr Kind entwickelt, ist schlicht: Es wächst! Dann, mit einigen Wochen, beginnt es zu lächeln. Schließlich kann es motorisch immer mehr: Es fixiert Gegenstände mit den Augen, es greift, es spielt mit seinen Füßen, es rollt, es sitzt, es steht, es läuft! Es beginnt zu sprechen. Es baut Türme. Es bekommt einen »eigenen Willen« ... Und irgendwann macht es dann Abi. Vielleicht. Auf jeden Fall ist es ein wunderbarer, glücklicher Mensch, der sein Potenzial im Leben voll ausschöpfen kann.

Dieser – hier nur kurz umrissene – für alle sichtbare Lebenslauf fußt auf einem oft nicht direkt sichtbaren Fundament, das in den ersten Lebensjahren geschaffen wird: der Entwicklung von Körper und Körperwahrnehmung einerseits und der Entwicklung der Interaktion und Bindung mit den Bezugspersonen andererseits.

Was im Körper geschieht

Zunächst zum Körper: Dieser wächst natürlich nicht nur, sondern hat in den ersten Lebensmonaten und -jahren, auch aufgrund der physiologischen Unreife des Menschenkindes, riesige Entwicklungsaufgaben zu bewältigen:

- Die Wärmeregulation muss ausreifen: Das Baby kann sich noch nicht an unterschiedliche Außentemperaturen anpassen und eigenständig Körperwärme aufrechterhalten.
- Hautfunktionen wie Atmung, Feuchtigkeits- und Fettregulation müssen sich entwickeln.
- Fetales muss in adultes Blut umgewandelt, Körperzellen und Körpereiweiße umgebaut werden: Die Leber arbeitet auf Hochtouren (weswegen Kleinstkinder so große Bäuche haben!).
- Das Verdauungs- und Stoffwechselsystem muss ausreifen, d. h., der Körper muss die Fähigkeit entwickeln, aus körperfremden Stoffen körpereigene zu machen.
- Das vegetative Nervensystem bzw. Stress-System muss ausreifen und im Zuge dessen muss sich die (Selbst-) Regulation entwickeln.
- Die Muskeltonusregulation muss ausreifen, damit sich die Bewegungsentwicklung in gesunder Weise vollziehen kann.

Auch wenn die Entwicklung eines Kindes nach außen manchmal gar nicht so rasch passiert oder sichtbar ist: Im Körper passiert unglaublich viel und er leistet von Anfang an Schwerstarbeit.

Was innen geschieht: die Körperwahrnehmung

All das, was der Körper zu bewerkstelligen hat, kann nur gelingen, wenn auch die Körperwahrnehmung entsprechend ausreift: Nur wenn es eine korrekte Wahrnehmung des Körpers gibt, das Gehirn also »gut informiert ist«, kann es die körperlichen Prozesse auch gut steuern und regulieren.

Körper und Körperwahrnehmung sind in ihrer Entwicklung untrennbar miteinander verbunden bzw. voneinander abhängig.

Für die Körperwahrnehmung sind die Eigenwahrnehmungssinne zuständig. Leider sind diese bei Neugeborenen noch ebenso unausgereift wie der Körper selbst. Sie reifen erst nach und nach durch die entsprechenden Sinnesreize – also durch die Wahrnehmungen aus dem Körper – aus. Die Ausreifung der Eigenwahrnehmungssinne und mithin der Körperwahrnehmung ist *der* Entwicklungsschwerpunkt bis zur Einschulung!

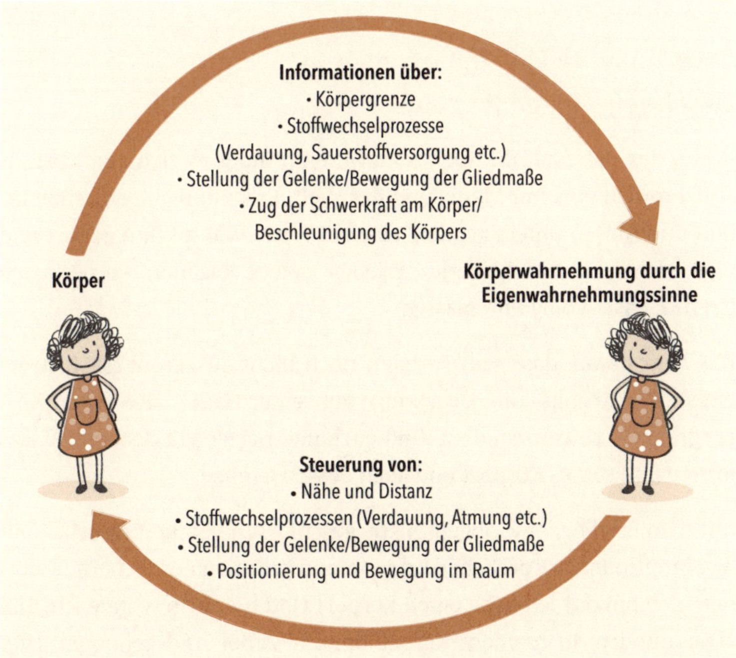

Entwicklung von Körper und Körperwahrnehmung bzw. Wahrnehmung und Steuerung.

Vielen Eltern ist nicht bewusst, dass ihr Kind die Welt – also das, was es z. B. sieht und hört – nur so gut wahrnehmen und verarbeiten kann, wie sich die Körperwahrnehmung entwickelt hat. Ebenso wissen viele Eltern nicht, dass alle wesentlichen Errungenschaften des Kindes, wie z. B. das Gehen, das Sprechen, das Mitfühlen mit anderen, das Nachahmen, die Geschicklichkeit mit den Händen und das Denken im Kopf, auf dieser Entwicklung aufbauen bzw. diese als Fundament brauchen, um sich altersgemäß und gesund zu entwickeln.

Da sie eine solch grundlegende Funktion haben, nennt man die Eigenwahrnehmungssinne auch »basale Sinne«.

Es gibt vier dieser basalen Sinne:
- Tastsinn (taktiler Sinn)
- Vitalsinn
- (Eigen-)Bewegungssinn (Propriozeption)
- Gleichgewichtssinn

Tastsinn: vom Eins-mit-allem-Sein zur abgegrenzten Person

Wenn das Baby auf die Welt kommt, empfindet es sich zunächst als vollkommen eins mit Mama und der Welt. Es kann nicht zwischen Innen und Außen unterscheiden, es weiß nicht, was zu ihm gehört und was nicht. Es hat keinerlei Erleben seiner eigenen körperlichen Grenze; es ist völlig durchlässig.

Das liegt daran, dass sein Tastsinn noch nicht ausgereift ist. Erst die vielen Berührungs- und Druckreize auf seiner Haut – also seiner Körpergrenze – vermitteln dem Kind nach und nach das Erleben bzw. das innere Bild seines Körpers und auch dessen Grenze.

Mit dem Erleben, eine abgegrenzte, geschlossene Einheit zu sein, geht das Empfinden körperlicher Präsenz und emotionaler Sicherheit einher: »Ich bin da! Ich habe einen Körper! Und hier drin wohne ich, und zwar nur ich. In meinem Körper bin ich sicher und geborgen. Hier kommt kein anderer rein – außer, ich erlaube ihr/ihm das.«

Vom vagen Umriss als Baby zur geschlossenen Hülle als Kindergartenkind.

Wahrnehmen können Eltern, dass sich hier ein großer Schritt in der Entwicklung vollzogen hat, wenn das Kind mit ca. zweieinhalb Jahren »ich« sagt und seinen eigenen Willen entdeckt.

Später hilft der ausgereifte Tastsinn dem Kind, Regeln und Grenzen zu begreifen, mit Nähe und Distanz angemessen umzugehen, sich selbst von anderen und deren Bedürfnissen abgrenzen und wiederum die Grenzen anderer zu respektieren.

Beeinträchtigungen des Tastsinns

Wenn Kinder geboren werden, sind sie alle im wortwörtlichen Sinne – also die Haut betreffend – dünnhäutig. Einige sind jedoch noch dünnhäutiger, andere haben dickere Haut als der Durchschnitt. Für beide bedeutet das, dass sie unter Umständen zu wenig (positive) Wahrnehmungserfahrungen mit ihrer Grenze machen. Dann haben sie später eventuell Schwierigkeiten, Regeln und Grenzen zu akzeptieren und mit Nähe und Distanz gut umzugehen. Möglicherweise brauchen sie es immer ganz eng und doll – wenn sie eher unterempfindlich auf der Haut sind – oder aber sie schrecken eher vor der Welt zurück, da sie überbeindruckbar sind, alles zu intensiv erleben.

Ähnliches stellt sich ein, wenn Kinder viele Übergriffe und Gewalt erfahren – sei es körperlicher, seelischer oder sexualisierter oder struktureller Art. Zur strukturellen Gewalt zählt z. B. eine zu strikte, autoritäre Familienstruktur (oder Kindergarten, Schule) oder Rollenunklarheit in der Familie (zum Thema Rollenklarheit komme ich noch in einem gesonderten Abschnitt, S. 46).

Wie lässt sich das erklären? Durch Grenzverletzungen und Übergriffe geht das Empfinden einer sicheren Hülle verloren. Die eigene Grenze wird nicht mehr als Grenze erlebt, sodass sich das Kind entweder tief in sich zurückzieht oder aber in den Umkreis verströmt. Erstere sind dann wie »dickhäutig«, sie brauchen starke Eindrücke, um überhaupt Kontakt zu spüren, während letztere sich eventuell bereits durch einen Blickkontakt verletzt fühlen.

Vitalsinn: vom vegetativen Chaos zur Selbstregulation

Ein ausgereiftes vegetatives Nervensystem zeichnet sich dadurch aus, dass es relativ rhythmisch und mit eher seltenen extremen Ausschlägen zwischen den zwei antagonistischen Zuständen – dem Sympathikus einerseits und dem Parasympathikus andererseits – hin- und herschwingt.

Wenn der Sympathikus besonders aktiv ist, dann sind wir selbst gerade aktiv: Wir sind wach, aufmerksam, der Welt zugewandt, mit unserem Bewusstsein dabei – und wir verbrauchen Energie. Ist der Parasympathikus aktiv, sind wir am Verdauen und Verarbeiten, wir pausieren, ruhen, schlafen, wir sind der Welt abgewandt und versunken in eher unbewussten Prozessen – und bauen hier Energien wieder auf, wir regenerieren! Diese Phasen durchlaufen wir mehrmals am Tag bzw. in unseren Tages-, Wochen- und auch Jahresrhythmen.

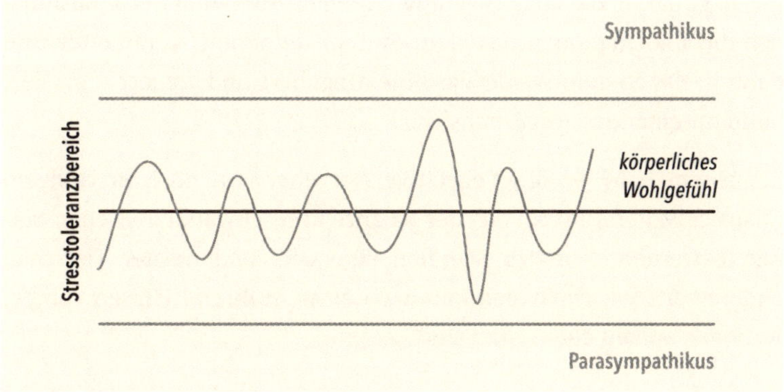

Physiologisch-emotionale Erregungskurve.

Das vegetative Nervensystem ist auch unser Stress-System. Die zwischen den beiden Polen Sympathikus und Parasympathikus verlaufenden vegetativen Prozesse (Stoffwechselprozesse) kann man auch als Kurve darstellen, die den Grad unserer jeweiligen physiologischen Erregung abbildet. Diese Kurve sollte sich gesunderweise möglichst innerhalb unseres Stresstoleranzbereichs bewegen bzw. schnell wieder dorthin zurückfinden, wenn sie mal darüber hinausgeraten ist.

Am angenehmsten ist es um die Mitte herum, wenn alles ausbalanciert ist: Hier ist unser körperliches Wohlgefühl angesiedelt. Hier ist gerade alles gut und alle vegetativen Prozesse laufen zu unserem Besten vollkommen unbewusst im Hintergrund ab. Sobald das nicht mehr gegeben ist, dringt dies als Unwohlsein in unser Bewusstsein: Wir fühlen uns leer und ausgelaugt, vielleicht auch »hysterisch«, dünnhäutig oder benommen und taub. Auch Hunger und Durst, Übersättigung, Müdigkeit oder Auskühlung und Überhitzung beeinträchtigen unser Wohlgefühl und dringen in unser Bewusstsein. Meist wissen wir instinktiv, wie wir dann wieder in unsere Mitte kommen. Wie wir uns wieder »abregen«, »herunterholen«, entspannen, beruhigen können. Und was unser Körper braucht: essen, trinken, ausruhen, schlafen oder aufstehen und bewegen. Kurzgefasst: Wir können uns selbst regulieren und für unsere körperlichen Bedürfnisse sorgen.

Das liegt daran, dass das vegetative Nervensystem und der Vitalsinn – der die Informationen aus dem System aufnimmt, verarbeitet und dann in das System wiederum hineinreguliert und steuert – im Verbund miteinander ausgereift sind.

Bei einem Baby ist das vegetative Nervensystem noch in völligem Chaos bzw. gerät im Nu aus der Balance und schwankt zwischen beiden Extremen: Erregtes Schreien einerseits und tiefster Tiefschlaf andererseits wechseln sich miteinander ab, während Phasen ruhiger Aufmerksamkeit eher selten sind.

Damit das vegetative Nervensystem und der Vitalsinn in den ersten Lebensjahren ausreifen können, benötigt das Baby eine feinfühlige Bezugsperson, die ihm immer wieder hilft, sich zu regulieren, und immer wieder sein körperliches Wohlgefühl herstellt. Was genau Feinfühligkeit bedeutet, erkläre ich weiter unten unter »Feinfühlige Interaktion« (S. 32).

Das Kind macht also im Laufe der unzähligen Interaktionen mit seinen feinfühligen Bezugspersonen immer wieder die Erfahrung: »Es wird gut!« Damit entwickelt es Vertrauen in seine Bezugspersonen und in Prozesse, also in das Leben an und für sich.

Zugleich entwickelt sich durch diese »Fremdregulationen« der Vitalsinn des Kindes, der dann das vegetative Nervensystem immer besser

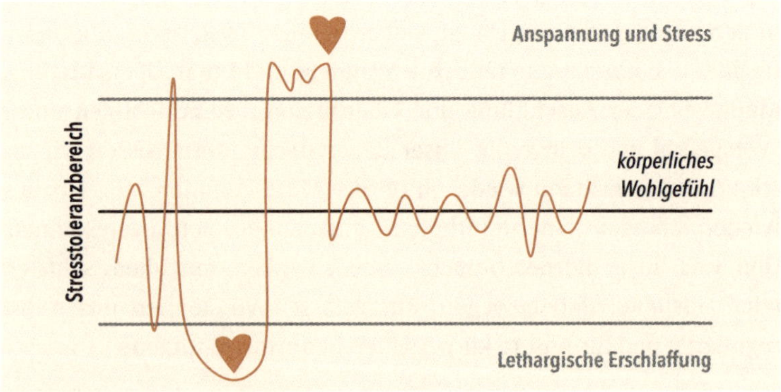

Regulation durch eine feinfühlige Bezugsperson.

steuern und in die Mitte bringen kann. Beides – das Vertrauen und die vegetative Reife – führen dazu, dass sich das Kind mit fortschreitendem Alter immer besser selbst regulieren und auch immer besser für sich und seine körperlichen Bedürfnisse sorgen kann.

Beeinträchtigungen des Vitalsinns

Ein weniger gut ausgereiftes Nervensystem schwankt wie beim Baby eher zwischen den Extremen hin und her, statt sich um die Mitte herum einzupendeln. Das zeigt sich beispielsweise bei Kindern, die den ganzen Tag in innerer Alarmbereitschaft und höchster Aktivität verbringen, um dann am Abend von null auf gleich in den tiefsten Tiefschlaf zu fallen.

Im Institut begegnen mir eher Kinder, deren Vegetativum sich auf eine Seite geschlagen hat, wobei das überwiegend Sympathikus-überaktive Kinder sind. Bereits als Baby waren sie viel wach und unruhig, hatten und haben Probleme mit dem Ein- und Durchschlafen, interessieren sich nur mäßig fürs Essen und Trinken und fallen insgesamt durch eine sehr geringe Frustrationstoleranz auf. Sie gelten oft wahlweise als willensstark oder tyrannisch. Tatsächlich haben sie aufgrund ihrer Wahrnehmungsverarbeitungsstörungen und wegen eines mangelnden Prozessvertrauens viele Ängste und versuchen deswegen verzweifelt, die Kontrolle zu behalten. Kinder mit einem unausgereiften Vegetativum und einer Vitalsinnschwäche werden von Eltern und Erzieher*innen oft missverstanden, was den inneren Stress dieser Kinder zusätzlich erhöht.

Bewegungssinn: vom unwillkürlichen Strampeln zum zielgerichteten Bewegen in der Welt

Wenn ein Baby auf die Welt kommt, ist es – gesunderweise – völlig schlaff. Alle Bewegungen wie Rudern mit den Armen und Strampeln mit den Beinen geschehen unwillkürlich und reflexhaft. Das Kind hat noch keinen Bezug zu seinen eigenen Bewegungen, geschweige denn Kontrolle über diese.

Babys sind genetisch mit einer Art standardisiertem Trainings- und Bewegungsplan ausgestattet, der es ihnen ermöglicht, nachdem sie nur hilflos liegen, rudern und strampeln konnten, nach etwa einem Jahr zu laufen. Was das Baby im Zuge der Bewegungsentwicklung auch erreicht, ist die Kontrolle über die Bewegungen. Diese sind zunehmend willkürlich, zielgerichtet und geschickt; die anfänglichen Reflexe hingegen ziehen sich zurück.

Die gesunde Bewegungsentwicklung vollzieht sich immer gleich: Es sind bei jedem Kind dieselben Bewegungsmuster zur gleichen Zeit und in der gleichen Reihenfolge – standardisiert eben.

Beeinträchtigungen des Bewegungssinns

Deutliche Abweichungen hiervon, z. B. das Po-Rutschen, das Laufen auf den Knien oder das Überspringen des Krabbelns, sind Zeichen einer motorischen Unreife bzw. einer mangelnden Ausreifung der Muskeltonusregulation. Die Folge sind persistierende, also bleibende frühkindliche Reflexe.

Es ist zu beobachten, dass immer mehr Kinder Zeichen motorischer Unreife aufweisen. Sie haben u. a. Probleme mit der Koordination, mit der Dosierung von Geschwindigkeit und Kraft und fallen insgesamt durch Ungeschicklichkeit auf. Oftmals zeigen sie auch Sprachauffälligkeiten. In der Schule haben sie dann Schwierigkeiten mit dem Stillsitzen, mit Aufmerksamkeit und Konzentration. Lesen, Schreiben und Rechnen fallen ihnen schwer. Es ist nicht vollständig geklärt, wodurch diese Entwicklung verursacht ist. Als ein Grund ist sicherlich Bewegungsmangel in der Schwangerschaft anzunehmen (wir bewegen uns ja alle immer weniger). Weitere Gründe liegen in einem Mangel an Bewegungsräumen und -anregungen für Kinder. Aber auch die Zunahme von Kaiserschnittgeburten könnte eine Rolle spielen, da diese eine Ausreifung der Muskeltonusregulation und die Reflexintegration erschweren können. Unter Dos and Don'ts (S. 100) werde ich Hinweise geben, wie dem besser vorgebeugt werden kann.

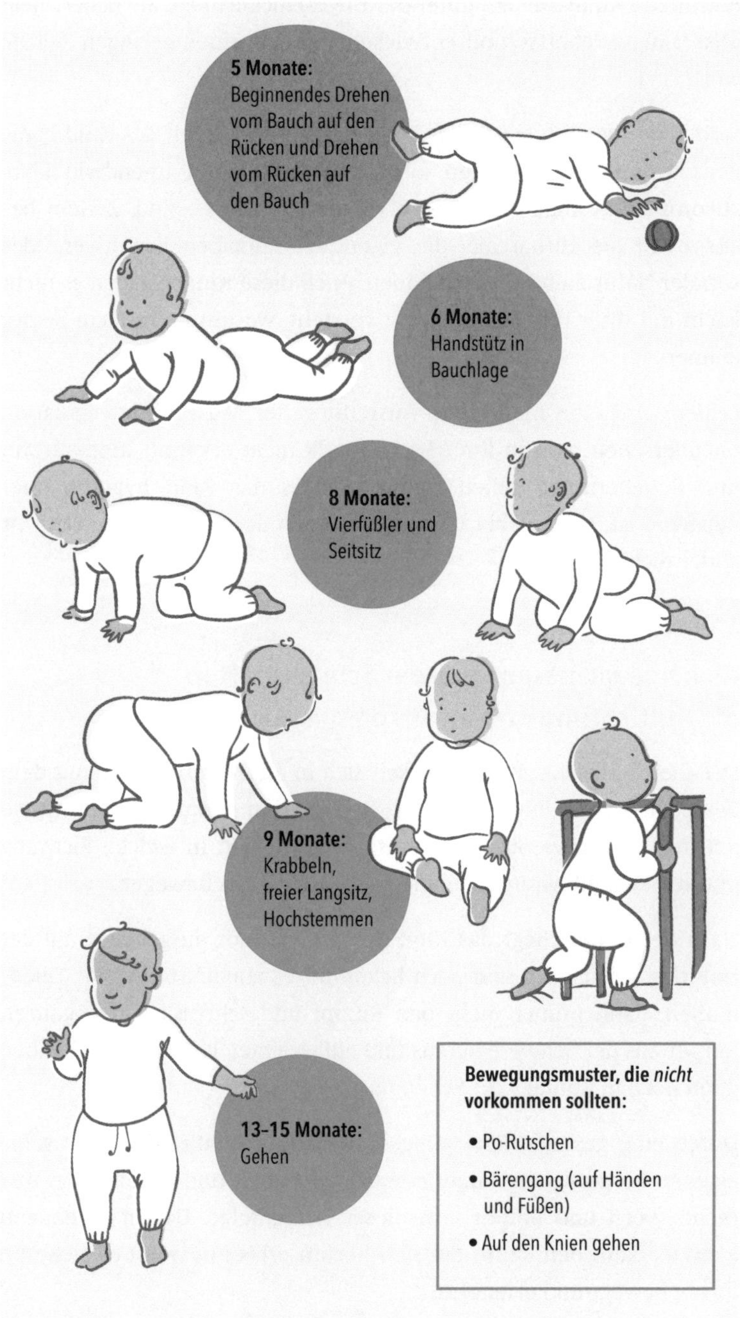

Eckdaten der motorischen Entwicklung (+/– ein Monat).

Betroffene Kinder leiden unter der Ungeschicklichkeit. Sie haben viele Misserfolgserlebnisse und entwickeln oftmals einen geringen Selbstwert.

Statt physiologisch sinnvoller Bewegungen entwickelt das Kind kompensatorische Bewegungen (»Ersatzmotorik«), um irgendwie klarzukommen. Kompensation ist aber immer anstrengend. Zudem beansprucht sie Hirnareale, die eigentlich Aufgaben kognitiver oder sozialer Natur zu bewältigen haben. Auch diese Kinder haben es nicht leicht mit ihrer Umwelt, die nicht versteht, warum sie es nicht besser können.

Leider wird eine mangelnde Ausreifung der Muskeltonusregulation oft übersehen bzw. in ihrer Problematik nicht erkannt: Kinderärztin und Erzieherinnen sehen vielleicht, dass das Kind hypoton oder hyperton ist, setzen aber darauf, dass »sich das rauswächst«. Dem ist leider nicht so!

Gleichgewichtssinn: aus der Schwerkraft in die Aufrichtung und ins Verhältnis zur Welt

Der Gleichgewichtssinn entwickelt sich in enger Verbindung mit dem Bewegungssinn. Über den Gleichgewichtssinn nehmen wir wahr, wo der Zug der Schwerkraft ist – also unten – und in welche Richtung und wie schnell wir beschleunigen, wenn wir uns bewegen.

Nach der Geburt liegt das Kind der Schwerkraft ausgeliefert auf der Unterlage. Erst nach und nach bekommt es zunächst einzelne Gliedmaßen, dann immer mehr den Rumpf und schließlich den ganzen Körper aus der Schwere heraus und aufgerichtet. Nur die Füße bleiben dann noch in Kontakt zur Schwerkraft.

Durch eine gesunde Bewegungsentwicklung erfährt das Baby seine eigenen körperlichen Raumdimensionen: oben und unten, links und rechts, vorn und hinten – in dieser Reihenfolge. Darauf aufbauend kann es dann den Raum um sich herum erfassen, wenn es sich nun fortan bewegt und orientiert.

Durch Rennen, Schaukeln, Drehen, Rutschen, Herunterspringen usw. wird die Ausreifung des Gleichgewichtssinnes weiter stimuliert. Mit dem Bewegungssinn zusammen sorgt er dafür, dass die Bewegungen immer koordinierter und geschickter werden und das Tempo immer dosierter wird.

Beeinträchtigung des Gleichgewichtssinns

Ist die Tonusregulation nicht ausgereift, gibt es meist auch Anzeichen für einen unausgereiften Gleichgewichtssinn.

Seltener begegnen mir Kinder, die überempfindlich auf Bewegung reagieren, häufiger sind sie unterempfindlich: Sie brauchen ständige Bewegung und starke Bewegungsreize, um sich überhaupt in Bezug zur Schwerkraft und im Raum zu erleben. Konkret bedeutet das: Sie zappeln und wackeln, sie schaukeln und klettern hoch und machen alles grundsätzlich schnell.

Schwächen im Gleichgewichtssinn führen zu Schwierigkeiten in der Raumorientierung, im Rhythmusgefühl, bei der Aneignung der Grammatik und beim Lesen, Schreiben und Rechnen.

Was dazwischen geschieht: feinfühlige Interaktion und Bindung

Alle Bedürfnisse des unreifen kleinen Menschenkindes können nur mithilfe feinfühliger Bezugspersonen erfüllt werden. Sie müssen für die körperlichen Bedürfnisse sorgen, das Kind vor Schmerz, Kälte oder anderen Bedrohungen bzw. Unannehmlichkeiten schützen. Sie müssen es allererste Selbstwirksamkeit erleben lassen, indem sie sich kümmern, wenn es schreit oder ruft. Sie müssen ihm Sinneserfahrungen in allen Sinnesmodalitäten ermöglichen – insbesondere zunächst im Bereich der Körperwahrnehmung. Sie müssen das Explorationsbedürfnis befriedigen bzw. ihm Raum geben und somit das Kind freilassen.

Das alles aber reicht noch nicht: Das kleine Kind braucht auch »emotionale Nahrung« bzw. den emotionalen Kontakt mit seinen Bezugspersonen, um gedeihen bzw. überleben zu können. Kinder, denen dieser Kontakt verweigert oder entzogen wird, wachsen nicht, werden krank oder sterben sogar – auch wenn sie körperlich gut versorgt werden.

Feinfühlige emotionale Interaktion ist also kein »Nice-to-have« oder Sahnehäubchen. Sie ist existenziell. Nur mit und in ihr kann das angeborene Bindungsbedürfnis des Kindes befriedigt werden und sich eine sichere Bindung – Grundlage für seelische Gesundheit und Krisenfestigkeit (Resilienz) – entwickeln. Nur mit und in ihr kann das vegetative Nervensystem ausreifen und können sich im Zuge dessen auch die anderen anstehenden körperlichen Reifeprozesse vollziehen. Nur mit und in ihr können die vielen Sinneseindrücke aus dem eigenen Körper und um das kleine Kind herum in richtigem Maße aufgenommen sowie bewertet und sinnvoll eingeordnet werden. Das bedeutet, dass auch die Eigenwahrnehmungssinne nur mit und in ihr ausreifen können. Und schließlich: Nur mit und in der Bindung findet die gesamte emotionale, soziale und kognitive Entwicklung des Kindes statt.

Ein Beispiel aus dem Alltag

Papa fährt mit der kleinen Laura im Kinderwagen zum Bäcker. Auf dem Weg fährt ein Junge auf dem Fahrrad an ihnen vorbei und klingelt. Laura schaut mit aufgerissenen Augen und offenem Mund ihren Papa an. Dieser schaut auch sie an, reißt ebenso Augen und Mund auf und sagt: »Uih!!! Das war aber laut! Klingeling hat der gemacht!!! Klingelingeling!« Dabei lächelt er leicht und Laura entspannt sich. Sie ruft freudig: »Lingeling!« und schaut dem Jungen hinterher. Dann schaut sie wieder zum Papa: »Lingeling!«

Lauras Papa hat also zunächst ihr Gefühl – ein Erstaunen oder sogar einen kleinen Schrecken – gespiegelt. Dann hat er mit seinem Lächeln und dem »Klingeling« signalisiert, dass das Klingeln nicht gefährlich, sondern vielleicht sogar lustig ist. Damit kann Laura diese Erfahrung einordnen und sinnvoll verarbeiten.

Damit das Kind ausreichend von dieser emotionalen Nahrung bekommt, braucht es gerade in den ersten zwei bis drei Lebensjahren täglich tausendfache feinfühlig abgestimmte 1:1-Interaktionen mit seinen Bezugspersonen, die erst nach und nach immer mehr von der Interaktion mit anderen Personen bzw. Kindern ersetzt werden.

Wir sind also von Beginn an zutiefst soziale Wesen. Das hat natürlich mit der Unreife des Menschenkindes zu tun, das so sehr auf ihm zugewandte Bezugspersonen angewiesen ist, um überhaupt zu überleben. Das allein aber wäre zu kurz gegriffen: Ohne unser tief verankertes Bedürfnis nach Interaktion, Beziehung und Kooperation mit anderen und unsere große Kompetenz hierin hätten wir, wie oben bereits erwähnt, als Menschheit wohl nicht überlebt.

Das ist wichtig, um Folgendes zu verstehen: Kinder sind von Geburt an kooperativ. Sie tun alles (alles!), um irgendwie in Kontakt mit ihren Bezugspersonen zu bleiben (ihr Leben hängt schließlich davon ab). Diese Anlage zur Kooperation drückt sich bereits in den allerersten Interessen des Neugeborenen aus: Es interessiert sich vor allem für Gesichter!

Und mit etwa neun Monaten haben Babys ihre Bezugspersonen so intensiv studiert, dass sie bereits sehr genau wissen, in welche kulturellen Gepflogenheiten sie hineingeboren sind, wo die Grenzen des »guten Geschmacks« liegen bzw. wo unangemessenes Verhalten beginnt.

Kinder gehen zudem grundsätzlich davon aus, dass die Erwachsenen recht haben und »Bescheid« wissen. Sie halten die Erwachsenen und die ganze Welt für gut und nachahmenswert. (Das ist in etwa bis zum siebten Lebensjahr so. Erst ab dann werden wir als Götter nach und nach demontiert – bis wir in der Pubertät nur noch peinlich sind.)

Mit dieser grundsätzlichen Kooperations- und Nachahmungsbereitschaft haben Kinder auch ihren Teil zum Überleben der Menschheit beigetragen: Stellen Sie sich Jäger und Sammler vor, deren tägliche Arbeit ständig von sich verweigernden und brüllenden kleinen Kindern behindert würde – diese Sippe wäre sicher ausgestorben.

Aber kommen wir zurück auf die »emotionale Nahrung«, die feinfühlig abgestimmten Interaktionen, die das Kind braucht, um zu gedeihen und sich zu entwickeln: Feinfühligkeit bedeutet, dass die Signale des kleinen Kindes wahrgenommen und richtig gedeutet werden, im Sinne von: Welche Empfindungen und Gefühle drückt das Kind damit aus und welches Bedürfnis steckt dahinter? Zudem kommt es bei der Feinfühligkeit darauf an, in angemessener Zeit und angemessenem Maße auf die Signale zu reagieren – also die Empfindungen und Gefühle adäquat zu spiegeln und die Bedürfnisse zu befriedigen.

Bei einem Neugeborenen bedeutet »angemessene Zeit« prompt. Nach und nach, mit der Erfahrung, dass »alles wieder gut wird«, und einer zunehmenden Fähigkeit, sich selbst zu regulieren und warten zu können – auch das gilt es feinfühlig wahrzunehmen –, kann es ein wenig länger dauern, möglichst ohne dass das Kind aus seinem Stresstoleranzbereich gerät.

Achtung: Babys und kleine Kinder haben auch ein Bedürfnis nach Pause von Kontakt und Interaktion! Sie müssen Erlebtes zwischendurch für sich verarbeiten und verdauen. Ein Baby wendet vielleicht das Köpfchen ab, wenn es ihm zu viel wird, ein größeres Kind liegt vielleicht träumend und in sich versunken auf dem Sofa.

Auch diese Signale gilt es feinfühlig wahrzunehmen und zu respektieren. Sie geben dem Kind die Erfahrung, auch innerhalb einer Bindungsbeziehung Autonomie entwickeln zu dürfen und die Beziehung mitgestalten zu können. Neben der sich entwickelnden sicheren Bindung bekommt das Kind durch feinfühlige emotionale Interaktionen auf der seelischen Ebene vermittelt: Du bist gut so, wie du bist. Du bist wertvoll. Du bist wichtig. Du bist willkommen!

Feinfühligkeit ist genetisch in uns verankert: Intuitiv sprechen wir mit einem Baby langsamer und höher, bewegen uns im Umgang mit ihm langsamer und bringen unser Gesicht in einen Abstand von etwa 30 Zentimetern zum Gesicht eines Neugeborenen. Wir schwingen uns quasi in das Empfinden des Babys und in seine Möglichkeiten, Reize wahrzunehmen und verarbeiten, ein.

Zentral ist dabei das wirkliche, tiefe Mitgefühl, die emotionale Resonanz. Je feinfühliger mit uns selbst als Baby umgegangen wurde, umso besser können wir natürlich auf unsere feinfühlige Veranlagung zurückgreifen. Glücklicherweise muss man als Mutter und Vater diesbezüglich nicht perfekt sein. Es reicht, »hinreichend« feinfühlig zu sein. Hinreichend für das jeweilige Baby, mit dem man interagiert.

Je feinfühliger man mit dem Kind ist, desto weiter oben steht man in der Bindungshierarchie des Kindes. Meistens steht hier die Mama – zumindest in den ersten Lebensmonaten oder -jahren – auf der obersten Stufe, es kann aber genauso gut der Vater oder eine andere Bezugsperson sein. Es wird jedenfalls die Person sein, bei der sich das Kind am sichersten fühlt und nach der es verlangt, wenn es sich in größerer Not fühlt.

Hat das Kind eine oder mehrere sichere Bindungen entwickelt und kann sich auf diese als Bestandteil seiner inneren psychischen Struktur stützen, wird es zunehmend autonom. Es wird von ganz allein immer mehr selbst machen und in immer größeren Radien die Welt entdecken wollen. Es wird uns immer weniger brauchen, bis es eines Tages aus Amerika anruft und fröhlich verkündet, dass es ihm gut gehe, während sich unser Herz zugleich zusammenzieht und hüpft – denn auch wir sind emotional gebunden an unser Kind!

Ein Beispiel aus dem Alltag

Lena, drei Monate alt, hat ein Nickerchen gehalten und wird wach. Zunächst liegt sie ganz still und schaut den Blättern vor dem Fenster zu, wie sie sich bewegen.

Ihre Mama ist im Bad und trocknet sich nach dem Duschen ab. Nach einer kleinen Weile beginnt Lena zu »maunzen«. Erst nur ein bisschen und mit Unterbrechungen, in denen sie immer wieder zu den Blättern schaut. Ihre Mama ruft aus dem Bad – mitfühlend und zugleich beruhigend: »Na, mein Schatz, bis du wach geworden!? Und ich soll kommen, ojemine! Ich komm gleich, mein Schatz ...!« Dabei schlüpft Mama eilig in ihre Sachen. Lenas Äußerungen werden zunehmend lauter, sie beginnt zu schreien. Ihre Mama hält durch ihre mitfühlende und beruhigende Stimme aber ständig den Kontakt. Dann unterbricht Lena jeweils ihr Schreien und lauscht. Zwischendurch findet sie immer wieder auch ihre Faust, an der sie dann saugt und sich selbst für einen Moment beruhigt.

Nun steht Mama angezogen und das Handtuch um den Kopf gewickelt an Lenas Bettchen, spricht sie zunächst an und hebt sie dann langsam hoch: »Schau, hier bin ich schon! Nun bist du bei Mama!« Jetzt wartet Mama auf neue Signale: Braucht Lena nur den Körperkontakt? Möchte sie mit Mama aus dem Fenster schauen? Hat sie Hunger? Braucht sie eine neue Windel? Ist sie eigentlich noch müde und braucht Hilfe, um wieder in den Schlaf zu finden?

Als Lena noch kleiner war, hätte Mama sich, nass wie sie war, nur den Bademantel übergeworfen, um zu vermeiden, dass Lena sich »rausbrüllt«, denn das ging immer ganz fix. Nun, da Lena neun Monate alt ist, wird Mama vielleicht sogar noch ihre Haare föhnen können, bevor sie sich ihrer Tochter zuwendet.

Beeinträchtigung der Feinfühligkeit und Entwicklung einer sicheren Bindung

Was aber kann unsere Feinfühligkeit so beeinträchtigen, dass sie nicht mehr hinreichend ist?

Da wäre zuallererst natürlich die eigene Biografie zu nennen. Wenn mit uns in unserer Kindheit wenig feinfühlig umgegangen wurde und wir vielleicht keine sichere Bindung entwickeln konnten, ist es ziemlich wahrscheinlich, dass wir dieses Schema mit unserem Kind fortsetzen – sofern wir das nicht, z. B. psychotherapeutisch, aufgearbeitet haben.

Etwa 10% aller Mütter erleiden Wochenbettdepressionen. Das bedeutet, dass das Baby zu wenig oder keine emotionale Resonanz von der Mutter erfährt. Das wird vom Baby als extrem bedrohlich erlebt (nachzuschauen oder zu lesen unter »Still Face Experiment«). Auch andere psychische Erkrankungen können – je nach Art und Stärke – die emotionale Verfügbarkeit von Müttern und Vätern beeinträchtigen. Das gilt auch für Drogenabhängigkeiten. Bei psychischen Erkrankungen und Drogenabhängigkeiten kommt die Gefahr hinzu, dass die Bezugspersonen für die Kinder unberechenbar werden und/oder dass es zu einer Rollenumkehr kommt, wenn die Kinder versuchen, ihre Eltern zu stützen.

Unverarbeitete Traumata können dazu führen, dass das Kind sehr starke Emotionen – Stress, Angst, Wut – triggert und als bedrohlich und möglicherweise übermächtig wahrgenommen wird. Das kann zu unbedachtem oder sogar schädigendem Verhalten der Bezugspersonen führen, wenn sie das Kind beispielsweise allein lässt, anschreit oder gar körperlich verletzt.

Auch akuter Stress – vielleicht eine Beziehungskrise, eine unsichere Wohnsituation, ein Todesfall im näheren persönlichen Umkreis – kann unsere emotionale Resonanz mindern und zu ähnlich inadäquatem Verhalten führen. Und auch mangelnde körperliche Verfügbarkeit durch körperliche Krankheit, Abwesenheit, Zeitmangel der Bezugspersonen kann dazu führen, dass feinfühlig abgestimmte emotionale Interaktionen zu wenig stattfinden.

Aber auch zu wenig 1:1-Interaktionen in den ersten Lebensjahren durch frühzeitigen und langen Krippenbesuch können ein belastender Faktor sein. »Frühzeitig« bedeutet definitiv vor Vollendung des ersten Lebensjahres. Aber auch im zweiten Lebensjahr ist ein Krippenbesuch vom Kind und seiner Entwicklung aus gesehen noch zu früh. Erst mit etwa zwei bis drei Jahren entspricht ein Besuch von Krippe oder Kindergarten tatsächlich einem Entwicklungsbedürfnis des Kindes nach sozialen Kontakten unter Gleichaltrigen. Vorher genügen Mama, Papa, Geschwister, familiäre Kontakte, Spielplatz, Spielbesuch unter Freunden oder Nachbarn. Ab wann ein Krippenbesuch sinnvoll ist, hängt von verschiedenen Kriterien ab. Dazu gehören die Entwicklung des jeweiligen Kindes, Befinden, Gesundheit, emotionale Verfügbarkeit der Mutter bzw. Eltern, ggf. die Notwendigkeit, die Arbeit wieder aufzunehmen, der Betreuungsschlüssel in der Krippe, Qualifikation, Reife und Feinfühligkeit der Erzieher*innen, Bindungsorientierung der Einrichtung (etwa bei der Eingewöhnung). Andere Aspekte sind als nachrangig zu betrachten. Auf all dies gehe ich später unter »Krippe« (S. 115) noch genauer ein.

Und noch ein weiterer Punkt in Bezug auf unzureichende feinfühlige Interaktion: Ablenkung der Bezugspersonen durch das Smartphone und andere Medien. Es ist immer häufiger zu beobachten, wie Eltern beim Schieben des Kinderwagens auf ihr Smartphone gucken, obwohl ihr Baby sie anschaut; wie Kinder auf dem Spielplatz versuchen, Blickkontakt herzustellen, damit ihre Eltern gucken, während diese ihre Nachrichten in der »kleinen schwarzen Schachtel« lesen.

Eine weitere mögliche Beeinträchtigung feinfühliger Interaktion lauert in sogenannten »Schlaftrainings", die nicht feinfühlig auf die Signale des Kindes eingehen bzw. nicht bindungsorientiert sind. Eltern, deren Kinder lange Zeit Probleme mit dem Ein- und Durchschlafen haben, greifen in ihrer Erschöpfung und Not häufig zu Schlaftrainingsprogrammen, die beinhalten, dass die Eltern nicht zum Kind kommen und auf es eingehen, wenn es weint. Stattdessen wird vorgegeben, in welchen Abständen die Eltern zum weinenden Kind gehen, was sie dann sagen und tun sollen und wann sie das Zimmer wieder verlassen sollen – unabhängig davon, ob sich das Kind inzwischen beruhigt hat oder nicht. Mehr dazu und wie ein bindungsorientiertes Vorgehen aussehen könnte, ist unter »Schlaf« (S. 85) zu lesen.

Und auch der bereits angesprochene nach vorn gerichtete Blick im Kinderwagen sorgt für zu wenig feinfühlige Interaktion. Dem Kind ist es in dieser Position kaum möglich, die auf es einströmenden Sinnesreize im Kontakt mit den Eltern einzuordnen und zu verarbeiten, da es keinen oder nur schwierig Blickkontakt herstellen kann. Wie wenig es zu feinfühligen Interaktionen kommt, zeigen auch Studien, die zu dem Ergebnis gekommen sind, dass Eltern etwa zwei Drittel weniger mit ihrem Kind sprechen, wenn es beim Schieben nach vorn statt zu ihnen schaut.

Aber auch Konzepte und Annahmen über Kinder, wie z. B. das des »kleinen Tyrannen« oder das vom »Kind, das immer klein und unselbständig bleibt«, wenn man ihm alle seine Bedürfnisse befriedigt, stören weithin die Feinfühligkeit von Eltern (siehe auch »Von Konzepten und Irrtümern«, S. 46).

Vielen frischgebackenen Eltern fällt es zudem schwer, sich gegenüber ungefragter Einmischung der Verwandtschaft in den Umgang mit dem Kind zu behaupten, wodurch sie dann möglicherweise weniger feinfühlig mit dem Kind umgehen. Auch die Orientierung an starken Vorbildern kann das eigene Feingefühl irritieren. Vielleicht gibt die Kindergärtnerin den Rat, abzustillen, damit sich das Kind im Kindergarten besser eingewöhnen kann, obwohl die Stillbeziehung von Mutter und Kind ungetrübt ist und deswegen nicht zur Disposition steht? Oder die Nachbarin, die schon drei Kinder hat, lässt ihr Kleines regelmäßig weinen – hat sie nicht viel mehr Erfahrung?

Weitere Kontaktversuche bzw. weitere/fortgesetzte »Bespaßung« des Kindes, obwohl es den Kopf abwendet, sind ebenso als wenig feinfühlig anzusehen, sind doch auch die Abgrenzungs- bzw. Autonomiebedürfnisse des Kindes essenziell. Diese werden gerade bei Babys im Überschwang der Gefühle häufig übersehen bzw. von Eltern, die selbst emotional sehr bedürftig sind, unter Umständen ignoriert.

Was können Folgen mangelnder Feinfühligkeit sein? Kinder, die wenig Feinfühligkeit erfahren und deshalb keine sichere Bindung entwickelt haben, haben ein weniger gut ausgereiftes Vegetativum, neigen also zu Stress, beeinträchtigter Selbstregulation und psychosomatischen Erkrankungen. Sie erleben sich in ihrem Selbstwert als weniger stabil und sind auch nicht so krisenfest, also resilient, wie sicher gebundene Kinder.

Der Rest der Welt

Körper und Körperwahrnehmung einerseits, feinfühlige emotionale Interaktion und eine sichere Bindung andererseits bilden also die eng verbundene Basis jeder weiteren Entwicklung.

Die Welt des kleinen Babys besteht zunächst (fast) nur aus seinem Körper, seinen Körperempfindungen, Mama und Papa! Es benötigt Zeit, sich an diese vielen neuen Erfahrungen zu gewöhnen. Alle Reize – ob aus dem Körper oder von außen – brauchen noch ganz lange, um verarbeitet zu werden, da das Gehirn zu Beginn noch so wenig vernetzt ist. Viele kennen das: Ein Baby, dem beim Arzt ein Piks gegeben wird, weint erst mit deutlicher Verzögerung. Ähnlich ist es mit allen anderen Reizen, nur dass wir das hier nicht wie beim Schmerzempfinden wahrnehmen können: Jeder Reiz braucht Zeit, um sinnvoll verarbeitet zu werden. Und jede dieser Verarbeitungen ist unglaublich wichtig, denn unverarbeitete Reize führen zu Reizüberflutung, Überforderung und Stress.

Es gibt tatsächlich Kulturen, in denen Mütter mit ihrem neugeborenen Baby zunächst einen ganzen Monat lang in nur einem Raum bleiben, was ganz sicher eher der Bedürfnislage der Babys entspricht als dem Ansinnen vieler Mütter bei uns, möglichst bald mit dem Baby das alte Leben wieder aufzunehmen und mit der Freundin um die Ecke ein Käffchen trinken zu gehen.

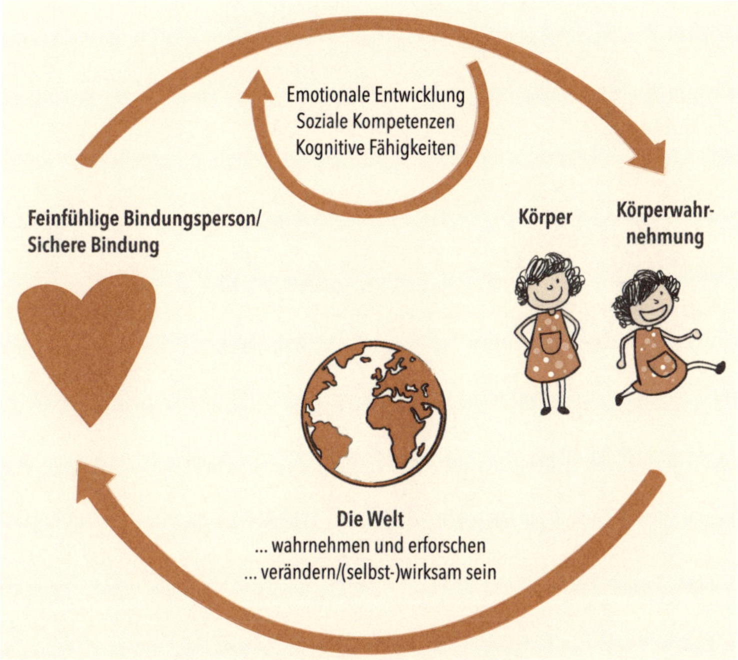

Körperwahrnehmung, Bindung und der Rest der Welt.

Erst nach und nach kann sich das Baby für die große weite Welt öffnen und diese – mit Hilfe der bereits vorhandenen Körperwahrnehmung und der feinfühligen Interaktion mit seinen Bezugspersonen – sinnvoll einordnen.

2.

Von Konzepten und Irrtümern

Was wir glauben, ohne es zu wissen

Konzepte über Kinder entstehen bei jeder/jedem von uns zunächst dadurch, wie unsere Eltern mit uns als Kind umgegangen sind. Ferner gibt es eine Fülle von impliziten oder expliziten Annahmen und Thesen über Kinder, die uns durch Menschen in unserer Umgebung oder durch Medien vermittelt wurden und werden. Es ist unglaublich wichtig, sich dieser Konzepte bewusst zu werden, weil sie oft auf Irrtümern basieren, zugleich unsere innere Haltung und unser Verhalten gegenüber unserem Kind aber stark beeinflussen.

Folgende Annahmen, die sich besonders ungünstig auswirken, begegnen mir in der Elternberatung häufig.

»Kinder sind kleine Erwachsene.«

Dieser grundlegende Irrtum nährt sehr viele andere Konzepte, die über Kinder kursieren und hat dadurch weitreichende Folgen im Umgang mit ihnen: Auf seiner Grundlage werden Kindern Motive der Erwachsenen unterstellt, wie z. B. Berechnung und Machtstreben. Auf seiner Grundlage werden von den Kindern Dinge erwartet, die sie noch gar nicht können können, wie z. B. im Alter von zwei Jahren nicht zu hauen, auch wenn sie gerade furchtbar wütend sind. Wegen dieses Irrtums werden Kinder mit abstraktem Wissen überhäuft, das sie noch gar nicht sinnvoll verarbeiten können. Und schließlich führt diese Annahme zu einer Verschiebung der Verantwortung zwischen Eltern und Kindern und damit zu unklaren Rollen und Generationengrenzen.

Wer hat eigentlich die Verantwortung?

Rollenklarheit bedeutet: Mama und Papa sind für ihre eigenen Bedürfnisse und Gefühle verantwortlich. Das heißt, sie müssen sich um sich selbst kümmern und darum, dass es ihnen gut geht. Mama und

Papa sind auch für ihr eigenes Verhalten verantwortlich. Sie sind erwachsen und können ihr Verhalten steuern. Mama und Papa sind auch für ihre Beziehung verantwortlich, dafür, dass es dieser »gut geht«.

Mama und Papa sind aber auch für die Bedürfnisse und Gefühle der Kinder verantwortlich. Das heißt, sie müssen sich um die Kinder kümmern und darum, dass es ihnen gut geht. Und sie sind auch für das Verhalten der Kinder verantwortlich. Denn diese sind klein und können ihr Verhalten noch nicht steuern. Wenn die Kinder »schwieriges Verhalten« zeigen, ist es die Aufgabe der Eltern, herauszufinden, wie sie dem Kind helfen können, damit es sich anders verhalten kann.

Und schließlich: Zwischen der Erwachsenenebene und der Kinderebene ist eine klare Grenze, die Generationengrenze. Mama und Papa haben »Erwachsenenthemen« oder Geheimnisse, die sie nur miteinander teilen. Auch die Kinder haben Geheimnisse, die unter ihnen

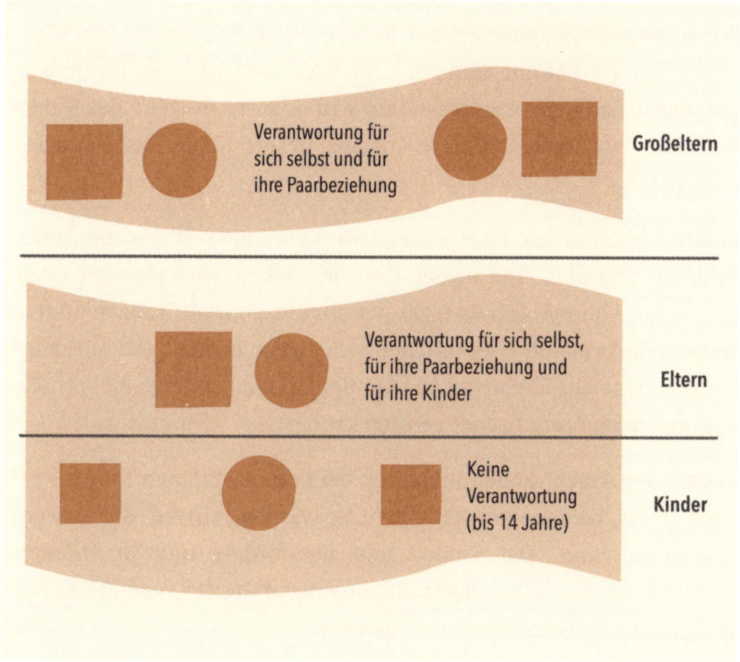

Rollenklarheit in der Familie.

bleiben. Zum Beispiel wissen Mama und Papa nicht, dass Ella gestern für alle Geschwister ein paar Stück Schokolade aus der Küche »abgezweigt« hat.

Werden in Kindern kleine Erwachsene gesehen, dann kommt schnell durcheinander, wer eigentlich die Verantwortung hat. Rollenunklarheit hat viele Gesichter, zum Beispiel diese: Die Kinder werden mit ihren Bedürfnissen und Gefühlen alleingelassen. Die Erwachsenen kümmern sich nicht ausreichend.

Den Kindern wird die Verantwortung für ihr Tun und dessen Konsequenzen gegeben. Möglicherweise werden sie sogar verantwortlich dafür gemacht, wie andere sich fühlen. Oder sie sollen für die Bedürfnisse anderer da sein, für Mama oder für die kleine Schwester sorgen. Vielleicht sollen sie auch Entscheidungen treffen, die sie noch gar nicht überblicken können, und bekommen die Schuld, wenn es schiefgeht. Oder in ihnen werden bereits »kleine starke Männer« gesehen oder »süße, hübsche Mädchen«.

Sie sind eventuell Spielkamerad, Kumpel, Freundin, Partner von Mama oder Papa. Und Mama und Papa möchten vielleicht von ihrem Kind gespiegelt und geliebt werden. Dabei ist es nicht Aufgabe des Kindes, uns zu lieben, sondern unsere Aufgabe, unsere Kinder bedingungslos zu lieben.

Rollenunklarheit hat schwerwiegende Konsequenzen für die Ausreifung des Tastsinns. Die eigene Geschlossenheit wird weniger erlebt, die Kinder können sich weniger gut abgrenzen und Grenzen anderer wahren. Insbesondere vermischen sich eigene Bedürfnisse mit denen anderer, was ein Einfallstor für Manipulationen seitens anderer Kinder oder auch Erwachsener werden kann.

Zudem verursacht Rollenunklarheit bei den betroffenen Kindern oftmals Stress, da sie einer Rolle gerecht werden müssen, der sie nicht gewachsen sind. Die Kinder sind überfordert und in ständiger Anspannung, was sich negativ auf die Ausreifung des vegetativen Nervensystems und des Vitalsinns auswirkt.

»Wenn man Kindern gibt, wonach sie verlangen, werden sie zu kleinen Tyrannen!«

Es ist geradezu bestürzend, wie unausrottbar diese Idee immer wieder ihre zerstörerische Wirkung zwischen Eltern und Kindern entfaltet! Schon im Babyalter fängt es an: Die ältere Nachbarin sagt zur frischgebackenen Mutter: »Der Kleine will doch nur, dass du nach seiner Pfeife tanzt!« Die Aussage selbst ist natürlich völlig richtig, denn das Baby ist ja existenziell darauf angewiesen, dass Mama »nach seiner Pfeife tanzt« und für die Befriedigung seiner körperlichen und emotionalen Bedürfnisse sorgt. Man könnte also sagen: Das Baby braucht, dass Mama nach seiner Pfeife tanzt!

Aber die Nachbarin hat natürlich etwas ganz anderes gemeint: Sie hat gemeint, es sei eine unstatthafte Anmaßung des Babys, es wolle Macht über Mama ausüben und dem müsse rechtzeitig Einhalt geboten werden!

Nun mag man bei einem Baby vielleicht nachsichtiger als diese Nachbarin sein, aber bei einem Kleinkind spätestens hört der Spaß dann doch auf! Denn wird es nicht immer der Bestimmer sein wollen, wenn man nicht von Anfang an klar macht, wer der Bestimmer ist? Die Erwachsenen unterstellen dem Kind also einen Machtanspruch und sorgen sich um ihre eigene Macht. Dabei geht es den Kindern um etwas ganz anderes: Sie brauchen uns noch bis weit in die Jugend hinein und deswegen drücken sie uns gegenüber aus, was sie brauchen. Und das tun sie in der größtmöglich kooperativen Form, zu der sie in der Lage sind. Denn nur das sichert ihr Überleben.

Aber warum gibt es dann »kleine Tyrannen«? Kinder, die ständig etwas haben wollen, immer Aufmerksamkeit brauchen, jedes Gespräch unterbrechen, kein Nein akzeptieren, sich an keine Regeln halten, bei jeder Kleinigkeit Wutanfälle bekommen, andere Kinder grundlos schlagen? Warum gibt es Kinder, die eben nicht kooperieren? Haben da nicht die Eltern zu wenig deutlich gemacht, dass sie die Bestimmer sind oder zumindest, dass sie auch eigene Bedürfnisse und Interessen haben?

Ich kenne eine ganze Reihe solcher Kinder und deren Eltern, die sich genau diese Frage stellen: Fast alle diese Kinder haben eine Schwäche in der Ausreifung eines oder mehrerer der basalen Sinne (S. 24). Das heißt, sie können nicht kooperieren, wie andere Kinder es tun. Zusätzlich ist häufig die Interaktion und Beziehung zu diesen Kindern belastet, eventuell von Beginn an, eventuell erst im Zuge der mit den Wahrnehmungsschwierigkeiten sich entwickelnden Probleme im Miteinander. Die Kinder erfahren folglich nicht die emotionale Feinfühligkeit, die sie bräuchten. Sie fühlen sich missverstanden, falsch, abgelehnt, ausgegrenzt und allein.

Auch kann es passieren, dass es wegen mangelnder Feinfühligkeit der Eltern zu einer Bedürfnisverschiebung gekommen ist: Es gibt dann erbitterte Kämpfe um das Eis, das Fernsehen, den Schnuller etc., die als Ersatzbefriedigung dienen und das Kind doch nie so satt und erfüllt sein lassen wie die Nähe und emotionale Wärme der Eltern.

Möglicherweise vermeiden es die Eltern auch, ihre Verantwortung ganz zu übernehmen und für das Kind eventuell zunächst unliebsame Entscheidungen zu treffen. Sie fragen das Kind zu oft nach dessen Meinung, auch bei Dingen, die das Kind noch gar nicht überblicken kann. Das überfordert und verunsichert die Kinder, steht ihrem Bedürfnis nach Orientierung, Sicherheit und Schutz entgegen und setzt sie unter Stress. Feinfühligkeit bedeutet nicht, nachts um 3:00 Uhr noch auf dem Spielplatz zu sein oder zum Abendbrot nur Schokopudding zu essen! Feinfühligkeit bedeutet, die Enttäuschung und den Ärger mitfühlend zu begleiten, dass es jetzt nach Hause geht und ein ausgewogenes Abendbrot eingenommen wird, damit existenzielle Bedürfnisse nach Nahrung, Schlaf und Gesundheit befriedigt werden können.

»Kleine Tyrannen« sind in jedem Falle in einer großen inneren Not. Sie kämpfen um Sicherheit, Wohlgefühl, Selbstwirksamkeit, Liebe und Bindung – nicht um Macht. Neben einer gut ausgereiften Körperwahrnehmung ist also feinfühlige Bedürfnisbefriedigung definitiv nicht der Grund, sondern im Gegenteil ein präventiver oder heilender Faktor gegen »kleine Tyrannen«!

»Wenn man Kindern gibt, wonach sie verlangen, wollen sie immer mehr davon und bleiben klein und unselbständig.«

Sie sind sicher mit mir einer Meinung, wenn ich sage, dass es beim Baby vollkommen richtig ist, alle Bedürfnisse sofort und umfassend zu befriedigen. Man kann Babys nicht verwöhnen – das haben fast alle inzwischen zumindest schon mal gehört.

So sind die meisten Eltern zu Beginn gerne bereit, etwa das Bedürfnis nach Nähe und Körperkontakt zu befriedigen, indem sie das Baby bei sich im Bett schlafen lassen. Doch schon nach wenigen Monaten schleicht sich bei vielen zunehmend der Gedanke ein, ob es nicht vielleicht doch für die Autonomieentwicklung förderlich wäre, wenn man das Kind frühzeitig an ein eigenes Bettchen gewöhnte. Nicht, dass es noch im Schulalter ...!? Nicht auszudenken in der Pubertät ...!?

Die Annahme, die Befriedigung von Bedürfnissen führe in Abhängigkeit und mangelnde Eigenständigkeit, trägt in unserem kulturellen Umfeld mit dazu bei, Kindern relativ kurz die Brust zu geben. Physiologisch sinnvoll und der Durchschnitt weltweit sind drei bis vier Jahre, bei uns sind Babys hingegen überwiegend mit einem Jahr vollständig abgestillt.

Selbstverständlich möchten Kinder, wenn es im Wesentlichen gut läuft, mit 16 Jahren nicht mehr bei Mama und Papa im Bett schlafen! Wahrscheinlich sogar schon deutlich früher nicht mehr! Denn je »befriedigter« das Bindungsbedürfnis, je stabiler somit das gelegte Fundament an Sicherheit ist, desto stärker können das Explorationsbedürfnis und die Autonomiebestrebungen des Kindes aktiv werden. So fühlt sich der kleine Tom nach einem Jahr im Elternbett eine ganze Weile im Beistellbett wohl, bis er mit vier Jahren bei angelehnten Türen im eigenen Zimmer schlafen mag. Ab und zu kommt er nachts noch rüber und schlüpft zu Mama und Papa unter die Decke. Ein paar Jahre später können diese ihre Schlafzimmertür schließen, und wenn Tom 12 Jahre alt ist, macht er von einem Tag auf den anderen seine Zimmertür zu.

Kurz und knapp: Gut gebundene Kinder mit einer gut ausgereiften Körperwahrnehmung werden zunehmend autonom und eigenständig! Eigenständigkeit müssen wir nicht fördern. Sie kommt aus dem Kind und wir müssen sie »nur« aufmerksam wahrnehmen und feinfühlig begleiten.

Aber wie ist es mit der Selbständigkeit, mit dem »Selbermachen«? Müssen wir das nicht anstoßen, fördern und fordern, damit sich das Kind nicht immer weiter von uns »bedienen« lässt und immer bequemer wird? Nein, denn auch hier gilt: Werden »echte« Bedürfnisse nach Unterstützung befriedigt, ist das Kind tatsächlich zufrieden und fordert nicht immer mehr. Im Gegenteil, es möchte von sich aus ab dem sogenannten »Trotzalter« Dinge selbst machen und damit eine erweiterte Selbstwirksamkeit in der Welt erleben: Schuhe anziehen, Klettergerüste erklimmen, Türme bauen, Malen ... Und dafür ist es auch zu jeder Anstrengung bereit!

Und warum gibt es dann Kinder, die alles von Mama und Papa gemacht haben wollen? Auch hier kann ein Grund in der mangelnden Ausreifung der Körperwahrnehmung liegen: Ein Kind mit einem hypotonen Muskeltonus hat es oft schwer, sich aufzuraffen. Und wenn es das endlich geschafft hat, dann gelingen die Dinge nicht so wie gedacht. Beim Zähneputzen geht erst die Zahnpastatube nicht auf und dann kommt immer zu viel Zahnpasta heraus. Die Schuhbänder wollen sich nicht binden lassen und lösen sich immer wieder. Und beim Anziehen gerät immer wieder die Reihenfolge durcheinander, sodass das Unterhemd am Ende fehlt. Alles ist so anstrengend!

Möglicherweise hat das Kind auch Schwierigkeiten, sich zu motivieren, wenn das, was getan werden soll, nicht seinen eigenen Interessen entspricht. Wenn es sehr wohl komplexe Legobauwerke bauen oder das Treckerpuzzle legen kann, nicht aber dazu zu bewegen ist, sich selbst anzuziehen. Viele Kinder mit Schwächen im Vitalsinn können tatsächlich keine Dinge tun, die andere von ihnen wollen. Zumindest fällt es ihnen unglaublich schwer.

Ein weiterer Grund für eine mangelnde Entwicklung von Selbständigkeit in den eigenen Belangen könnte sein, dass das Kind zu wenig Aufmerksamkeit und Zuwendung bekommt, sein Bindungsbedürfnis also nicht ausreichend befriedigt wird. Das fokussiert sich dann quasi auf »Versorgungssituationen«, in denen das Kind die Nähe bekommt, nach der es sich sehnt. Und selbstverständlich ist es dann nicht bereit, diese im weiteren Verlauf aufzugeben.

Und warum gibt es Kinder, die ständig etwas verlangen und nie zufrieden sind?

Sollte das Kind dennoch ständig Forderungen stellen, könnte es sein, dass es bereits aufgrund einer mangelnden feinfühligen Befriedigung der echten Bedürfnisse zu Bedürfnisverschiebungen gekommen ist. Ersatzbefriedigungen machen eben einfach nicht »satt«!

Auch eine mangelnde Ausreifung des Vitalsinns kann dazu führen, dass das Kind »nie« zufrieden ist. Ein Gefühl wohliger Zufriedenheit kann sich nur einstellen, wenn sich das vegetative Nervensystem auch mal für eine Weile in der Mitte einpendelt und nicht ständig und in rasantem Tempo in den Stressmodus gerät.

Und warum gibt es dann immer wieder Kinder, die sich nicht ablösen können? Warum gibt es klammernde, ängstliche Kinder, die möchten, dass Mama und Papa überall dabei sind?

Auch Ängste, allein »in die Welt zu gehen«, können in einer Vitalsinnschwäche wurzeln. Mama oder Papa haben nichts »falsch« gemacht, sondern das Kind ist viel mehr als andere Kinder darauf angewiesen, dass seine Eltern ihm die Welt und der Welt das Kind erklären!

Sollte es keine Probleme in der Körperwahrnehmung geben, so kann die Ursache durchaus auch in einer mangelnden Feinfühligkeit gegenüber den Autonomiebestrebungen des Kindes liegen. Kinder, deren Bezugspersonen ihr Bedürfnis nach Exploration und Eigenständigkeit nicht ausreichend unterstützen, möglicherweise sogar mit Vorwürfen oder Strafen sanktionieren, werden ängstlich und anklammernd, sie entwickeln eine unsicher-ambivalente Bindung. Hintergrund dafür sind eigene biografisch bedingte Ängste auf Seiten der Mutter oder des Vaters, insbesondere vor dem Verlassenwerden.

»Kinder können ihr Verhalten steuern.«

Diese Annahme greift meist ab dem zweiten Lebensjahr, insbesondere, wenn das Kind laufen und sprechen kann, also nach außen hin nun wirklich wie ein »kleiner Erwachsener« wirkt. Mit der Annahme, Kinder könnten ihr Verhalten steuern, geht einher, dass sie unablässig angeleitet werden, was sie tun und was sie lassen sollen: »Bitte nicht so laut«, »Hör auf zu weinen!«, »Das nächste Mal sagst du Lisa, dass du das nicht willst!«, »Langsam!«, »Mach mal schneller!«, »Nicht auf die Straße laufen«, »Es wird nicht in der Nase gebohrt«, »Du sollst deine kleine Schwester nicht hauen!«, »Warte bitte!«, »Stopp!«

Und wenn es schiefgeht, wird ihnen die Verantwortung, dafür gegeben: »Ich hab dir doch gesagt, dass das wehtut!«, »Warum musst du auch unbedingt da raufklettern!?«, »Du weißt doch, dass das heiß ist!«, »Das hast du nun davon!«, »Du wolltest das ja so!«

Möglicherweise haben die Kinder nun sogar die Schuld daran, dass Mama oder Papa oder andere sich schlecht fühlen: »Wegen dir bin ich jetzt ganz nass!«, »Jetzt komme ich zu spät!«, »Alle warten schon!«

Die Annahme, dass Kinder in irgendeiner Form bzw. zu irgendeinem Anteil für solcherlei »Desaster« verantwortlich sind, ist grundlegend falsch. Und das gilt nicht nur für das erste Lebensjahr, sondern bis in die Pubertät hinein – nicht umsonst gilt das Jugendstrafrecht erst ab 14 Jahren.

Zwar haben Kinder – individuell verschieden – einen sogenannten »Kompensationsspielraum«, in dem sie den Erwartungen der Erwachsenen entgegenkommen können. Dieser Spielraum kann zudem noch erweitert werden, wenn man es schafft, das Kind zu dem gewünschten Verhalten tatsächlich zu motivieren (zum Thema Motivation siehe »Kinder müssen ganz viel gelobt werden!«, S. 59). Aber nun ist es ja passiert! Es wurde gehauen, laut geschrien, auf die Straße gelaufen, jemand ist heruntergefallen ... Das Kind konnte trotz eventuell besseren Wissens nicht aufhören, stoppen, warten ...

Ein Beispiel aus der Elternberatung

Die Mutter von Leon, drei Jahre, berichtet, dieser sei schon wieder mit seinem Bobbycar durch ihr Blumenbeet gefahren. Dabei wisse er ganz genau, dass er nur auf dem Rasen und auf den Wegen fahren dürfe! Deswegen habe sie dann auch mit ihm geschimpft. Und das sei doch auch richtig, immerhin wisse Leon ja, dass es sie ärgerlich und traurig mache, dass die schönen Blumen nun alle abgeknickt seien!

Ich kann mit Leons Mutter gut mitfühlen, denn Leon fährt nicht nur mit dem Bobbycar durch die Blumen ... Dennoch: Einzig und allein sie hat die Verantwortung für die Situation – für ihr Bedürfnis nach schönen Blumen und dass diese erhalten bleiben, dafür, dass sie nun hinüber sind, für ihre Gefühle und für ihre Reaktion, also das Schimpfen. Zudem hat sie die Verantwortung für Leons Bedürfnisse und Gefühle. Und schließlich dafür, dass »es wieder gut wird«.

Der allererste Schritt ist also, den inneren Vorwurf an das Kind aufzulösen und die volle Verantwortung für das »Desaster« und für eine Lösung zu übernehmen.

Leons Mutter könnte sich nun folgende Gedanken machen: »Ich kenne ja meinen Sohn und seine Bewegungs«wut«! Die ist ja nicht gleich weg, nur weil wir mit der Physiotherapie begonnen haben. Ich habe das wohl nicht ganz durchdacht, als ich genau in dieses Beet die Blumen gepflanzt habe. Oder ich hätte mir überlegen sollen, wenn ich Blumen im Garten möchte, ob Spielfahrzeuge generell nur vor dem Garten auf dem Gehweg erlaubt sein sollten. Vielleicht sollte ich auch eine Hängematte im Garten anbringen, dann hat Leon seine Bewegung, ohne in das Blumenbeet zu fahren.«

Selbstverständlich darf Leons Mutter auch ihre Gefühle zeigen. Aber sie sollte dann über das Unglück an sich traurig sein oder sich über ihre mangelnde Vorausschau ärgern! Leon jedenfalls sollte sich nicht schuldig fühlen müssen!

Nun, da hat das Kind es wohl nicht anders gekonnt! Anders lässt es sich nicht erklären. Denn – ich wiederhole nochmal – Kinder möchten kooperieren! Entweder sind also unsere Erwartungen an das Kind nicht altersgemäß. Oder das Kind hat Probleme in der Körperwahrnehmung. Oder die Interaktion und Beziehung sind belastet.

Was es auch sei: Das Kind trägt keine Verantwortung, sondern es sind die Erwachsenen, die für die Bedürfnisse und deren Befriedigung, für die Gefühle und das Verhalten ihrer Kinder und von sich selbst die Verantwortung tragen. Es sind auch die Erwachsenen, die dafür zuständig sind, einzuschätzen, inwieweit ein Kind bereits »Verantwortung« dafür übernehmen kann, z. B. unbeaufsichtigt auf dem Gehweg stehen zu bleiben oder auf Toilette zu gehen. Sollte das Kind auf die Straße laufen oder es eine Schweinerei im Bad geben, dann sind es die Erwachsenen, die sich verschätzt haben, die das »Desaster« zu verantworten haben und nun Lösungen finden müssen, wie »es wieder gut werden« kann.

Kindern die Verantwortung für ihr Verhalten bzw. die Konsequenzen aus ihrem Verhalten oder sogar für unser Verhalten und unsere Gefühle zu geben, ist eine große Belastung für sie und ihre Entwicklung. Die Kinder erleben sich als unzureichend, falsch und schuldig. Die Überforderung verursacht Stress und Ängste. Zudem verwischen für die Kinder die Grenzen zwischen den Erwachsenen und ihnen, die Rollen sind weniger klar, sie können ihre eigene Geschlossenheit nicht mehr sicher erleben und sich dadurch schlechter von den Bedürfnissen und Gefühlen anderer abgrenzen (siehe auch »Rollenunklarheit«, S. 46).

»Kinder lernen Regeln dadurch, dass man sie ihnen sagt.«

Das ist ganz offenkundig unzutreffend! Denn wie oft hat man Kindern schon hunderttausendmal die Regel gesagt, aber sie halten sich nicht daran!?

Aber wodurch lernen sie sie denn dann? Sie lernen sie dadurch, dass Sie selbst sich daran halten! Aus der Babyforschung ist bekannt, dass Babys bereits mit neun Monaten die kulturellen Normen ihres sozialen Umfeldes verinnerlicht haben. Sie »wissen« also bereits, welches Verhalten erwünscht bzw. welches unerwünscht ist! Kinder lernen durch das Vorbild. Und sobald sie dazu in der Lage sind, werden sie dieses nachahmen. Denn sie wollen, wie bereits erwähnt, in ihrer großen Sympathie gegenüber der Welt alles nachahmen. Und sie möchten kooperieren, sich an die Normen und Regeln halten.

Selbstverständlich können Sie die Regel auch benennen. Viel entscheidender jedoch ist Ihr Vorbild! Und bitte erwarten Sie auch nicht, dass die Kinder die Regeln sofort befolgen! Regeln brauchen – je nach Anforderung – eine gewisse Reife. Sie als Eltern bleiben in jedem Falle – bis das Kind 14 Jahre alt ist – voll verantwortlich für die Einhaltung der Regeln. Die Regel »Nicht hauen!« beispielsweise ist von dreijährigen Kindern definitiv nicht immer befolgbar. Bei starken Emotionen haben sie schlichtweg noch zu wenig Selbstkontrolle. Selbst bei Grundschulkindern kommt es noch zu »Prügeleien«. Die volle Verantwortung für die Regel zu übernehmen, heißt in diesem Falle, das Hauen – ohne Vorwurf – sofort zu unterbinden und damit wieder für die Einhaltung der Regel zu sorgen.

Eine weitere Möglichkeit, für die Einhaltung von Regeln zu sorgen, ist Prävention, also von vornherein dafür zu sorgen, dass eine Regel nicht übertreten werden kann. So kann man offene Steckdosen abdecken, kostbare Vasen wegräumen, eine Weile auf Tischdecken verzichten … Denn es gilt: Je weniger Regeln, umso klarer werden die wenigen, die es gibt.

Ein Beispiel aus der Elternberatung

Felix, 15 Monate alt, wirft die Bestandteile des Essens, die ihm nicht schmecken, konsequent auf den Fußboden. Seine Mama sagt dazu jeweils: »Nein, nicht auf den Boden werfen!«, und hofft, dass, wenn sie das oft genug sagt, der kleine Felix sich irgendwann danach richten wird. Da das nun schon seit ein paar Monaten so geht, fragt sie sich, ob sie das Essen als Konsequenz abbrechen soll, damit Felix daraus lernt und sein Verhalten ändert.

Sie fragt mich, was sie tun soll.

Zunächst mal ist es natürlich wichtig, dass Felix' Mama selbst kein Essen auf den Boden wirft. Wenn die Regel sein soll: »Dinge, die wir nicht mögen, kommen auf den Tellerrand«, sollte sie selbst so verfahren. Wirft Felix dann etwas von seinem Essen auf den Boden, ist sie dafür zuständig, die Regel einzuführen, also das Essen mit den Worten »Das gehört hier auf den Tellerrand« aufzuheben und auf Felix' Tellerrand zu legen. Vielleicht kann sie es auch mit Felix zusammen machen, wenn er das mag.

Felix' Mama kann nun darauf vertrauen, dass Felix beizeiten ihr Verhalten nachahmen wird. Eine Unterstützung könnte dabei sein, dass sie die Gefühle von Felix – »Uiih, das schmeckt dir gar nicht!« – spiegelt und mitfühlt. Das könnte ihm helfen, sich so weit zu regulieren, dass er die Regel früher befolgen kann. Denn sein Gefühl hat nun zwischen ihm und seiner Mama einen eigenen Raum und muss deswegen vielleicht nicht mehr so oft im impulsiven Wegschmeißen Ausdruck finden.

Sollten sich Kinder trotz guter Vorbilder, gesunder Körperwahrnehmung und intakter, positiver Interaktionen und Bindungsbeziehungen nicht altersentsprechend an Regeln halten, könnte es ein, dass etwas mit den Regeln nicht stimmt. Mehr dazu unter den Dos and Don'ts (S. 122).

»Kinder müssen ganz viel gelobt werden!«

Etwa nicht? Nein, leider nicht! Meine Generation ist so groß geworden: Statt Tadel und Strafen sollte man Kinder mit ganz viel Lob bestärken! »Prima!«, »Toll!«, »Super!« und »Das hast du gut gemacht!« schallen seitdem allenthalben über den Spielplatz.

Vielleicht fragen Sie sich nun, was daran so schlimm sein soll? Die Kleinen freuen sich doch darüber! Und sie verlangen doch auch danach: Sie zeigen uns stolz, was sie können oder was sie gemacht haben, und wollen doch so gern dafür gelobt werden!

Wie Alfie Kohn in seinem Buch *Liebe und Eigenständigkeit* ganz richtig feststellt, sind Lob und Tadel zwei Seiten ein und derselben Medaille: Wir beurteilen das Verhalten des Kindes! Gutes Verhalten wird gelobt, unerwünschtes Verhalten wird, ehrlich gesagt, immer noch ziemlich viel getadelt. Aber bleiben wir mal beim Lob: Lob bezieht sich immer auf das Verhalten, auf das Ergebnis. Wir übergehen damit die Bedürfnisse, Motive, Impulse und Gefühle des Kindes, die hinter dem Verhalten stecken.

Machen Sie mal ein Gedankenexperiment und stellen Sie sich vor, Sie geben Ihrem Mann abends einen Gute-Nacht-Kuss, und der sagt zu Ihnen: »Prima hast du das gemacht!« Vielleicht noch mit der Ergänzung: »Du bist eine richtig tolle Ehefrau!« Und vielleicht hat er auch eine Belohnung für Sie. Vielleicht gibt es ein Sternchen oder einen Smiley! Und wenn Sie Ihrem Mann sieben Tage hintereinander einen Gute-Nacht-Kuss gegeben haben, Sie also sieben Sternchen gesammelt haben, dann unternimmt er am Sonntag etwas Schönes mit Ihnen. Einen Spaziergang zum Café zum Beispiel.

Klingt absurd? Vielleicht auch – angenommen, Sie haben ihn von Herzen gern geküsst – verletzend? Und wie ist es mit der Augenhöhe: Fühlen Sie sich vielleicht etwas klein gemacht, nicht ernst genommen? Und wie ist es für Sie, dass er nur mit Ihnen ins Café geht, wenn Sie die sieben Sternchen zusammen haben? Könnte es sein, dass es Sie kränkt, vielleicht auch verärgert? Fühlen Sie sich manipuliert? Möglicherweise haben Sie schon deutlich weniger Lust, Ihren Mann zu küssen?

Genauso geht es den Kindern mit uns, wenn wir sie loben! Wir loben sie, wenn sie ihren Freunden einen Keks abgeben. Wir loben sie, wenn sie ein Kühlpack für das Kind holen, das sich gestoßen hat. Und wir vermitteln ihnen damit, dass wir nicht davon ausgehen, dass sie es wirklich von Herzen gewollt haben. Wir loben sie für die hohe Sandburg, das gemalte Bild, die ersten Schritte, die ersten Meter auf dem Fahrrad. Und wir vermitteln ihnen damit, dass wir nicht der Meinung sind, sie hätten es ganz aus sich heraus getan, einfach nur, weil es sich gut anfühlte, das zu tun und zu erreichen. Was Sie statt zu loben tun können, erläutere ich unter Dos and Don'ts unter der Überschrift »Lob und Tadel« (S. 117).

Kinder brauchen kein Lob, um Regeln und Verhaltensnormen zu erlernen. Sie brauchen auch kein Lob, um selbständig und tüchtig zu werden! Stattdessen werden sie durch Lob in ihrem tiefen Bedürfnis, nachzuahmen und zu kooperieren, verletzt. Sie werden in ihrer Eigenmotivation, sich zu entwickeln, sich sozial zu verhalten und die Welt zu entdecken, gestört und in ihren Gefühlen und ihrem Selbstbild irritiert.

»Wissen macht klug!«

Natürlich macht Wissen klug bzw. Wissen ist ein Baustein für Klugheit! Aber wie erlangt ein Baby und Kleinkind »Wissen«?

Früher gab es das Konzept des sogenannten »Nürnberger Trichter«. Man ging davon aus, dass möglichst viele Informationen in die Kinder bzw. deren Köpfe eingespeist werden müssen, so wie man heute eine Festplatte bespielen würde. Auch dieses Konzept fußt letztlich auf der Annahme, Kinder seien kleine Erwachsene. Und es ist längst überholt: Zum einen wissen wir inzwischen, dass Lernen ein sehr komplexer Vorgang ist, in dem soziale, emotionale, motivationale und kognitive Faktoren interagieren. Zum anderen haben wir mittlerweile verstanden, dass kleine Kinder anders als große Kinder oder Erwachsene lernen und dass das eine auf dem anderen aufbaut.

Konkret bedeutet das: Babys und Kleinkinder müssen zunächst ihren Körper wahrnehmen und steuern lernen. Darauf jeweils aufbauend und eingebettet in die emotionalen Interaktionen mit ihren Bezugspersonen, müssen sie sich anschließend mit allen Sinnen nach und nach praktisches Wissen über die Welt aneignen. Sie werden also die Dinge der Welt sehen, hören, riechen, schmecken, in den Mund und die Hände nehmen, also mit ihnen umgehen müssen, um sie zu begreifen. In der Zeit vom dritten bis zum siebten Lebensjahr können die Kinder dann mit den Dingen, die sie wahrnehmen können, auch im Geiste umgehen, also mit ihnen »denken«. Erst danach ist es ihnen möglich, abstraktere Begriffe wie z. B. »Weltraum« oder »Steinzeit« tatsächlich zu verstehen. Mehr zu dem Thema können Sie bei den Dos and Don'ts unter der Überschrift »Sprechen mit dem Kleinkind« (S. 126) erfahren.

Aber zurück zu den ganz kleinen Kindern. Die Idee, Kindern möglichst viele »Wissensinformationen« zum Zwecke der frühen Bildung mitgeben zu müssen, führt zu verschiedenen Problemen: Babys werden mit viel zu vielen Anregungen konfrontiert, die sie gar nicht alle sinnvoll verarbeiten können. Diese Überforderung begünstigt vegetative Dysregulation und Stress und hat oftmals zur Folge, dass die Babys abends schreien. Bereits Kleinkinder werden mit wortreichen Erklärungen, die ihren Erfahrungshorizont mit der sinnlich erfahrbaren Welt bei Weitem übersteigen, zugeschüttet, was ebenso zu Überforderung und Stress führen kann: Ich verstehe die Welt nicht (mehr)!

Des Weiteren möchte ich noch einmal betonen, dass insbesondere Babys und kleinere Kinder auf den emotionalen Austausch mit ihren Bezugspersonen angewiesen sind, um die Bedeutung neuer Wahrnehmungserfahrungen für sich selbst verstehen und diese sinnvoll verarbeiten und integrieren zu können. Die Wahrnehmung allein ist also nicht viel wert!

Ein Beispiel aus der Elternberatung

Die Mutter von Julius, drei Jahre alt, fragt mich, wie sie ihrem Sohn erklären soll, warum am Tag die Sonne scheint. Soll sie ihm erklären, dass die Erde ein Planet ist, der sich dreht und immer nur dort, wo er gerade zur Sonne gewandt ist, auch Sonnenlicht bekommt, sodass es dort dann Tag ist, während es auf der anderen Seite Nacht ist ...?

Ich überlege mit ihr, welche Erklärung für Julius tatsächlich verstehbar ist, was Julius also von der Sonne bereits mit seinen Sinnen wahrgenommen hat. Wir kommen auf Wärme und Licht. Sie könnte auf seine Frage also antworten: »Die Sonne scheint, damit du tagsüber alles sehen kannst.« Oder sie könnte sagen: »Sie scheint, damit sie dich draußen wärmt.« Eine weitere Möglichkeit könnte sein, mit der Antwort auf ein Gefühl zu verweisen: »Sie scheint, um uns fröhlich zu machen!«

Julius' Mutter muss bei diesen Ideen lächeln – offenbar gefallen sie ihr ganz gut. Aber sie hat doch auch Zweifel, ob sie dem Kind nicht die ganze Wahrheit sagen müsste, denn eigentlich stimme es ja gar nicht, dass aus diesen Gründen die Sonne scheine.

Mal ganz abgesehen davon, dass wir das ja gar nicht abschließend wissen können: Für Julius macht nur Sinn, was er tatsächlich wahrnehmen kann. Für ihn fühlt es sich noch völlig richtig an, dass die Sonne, so wie alles andere auch, zutiefst mit ihm verbunden ist. Etwas anderes kann er sich noch gar nicht vorstellen. Zudem ist er in seinem Alter noch im magischen Denken verhaftet und stellt deshalb ständig kausale Zusammenhänge her, die wissenschaftlich nicht erwiesen, aber eine wichtige Phase in der kognitiven Entwicklung sind. Er wird sich nicht betrogen fühlen, wenn er später im Laufe seiner Schullaufbahn schließlich auf den Stand der Wissenschaft gebracht wird! Im Gegenteil: Er wird von den Bildern zehren, die ihm seine Mutter damals mit auf den Weg gegeben hat.

»Jedes Kind entwickelt sich anders.«

Es ist völlig richtig zu sagen: »Alle Kinder sind verschieden!«, denn Kinder haben eine unterschiedliche Individualität, ein unterschiedliches Temperament und machen von Beginn an unterschiedliche Erfahrungen. Auch eine Aussage wie »Moritz braucht einfach noch mehr Zeit!« ist völlig richtig, wenn es zum Beispiel um seine »Sauberkeitsentwicklung«, das Stillen oder das Schlafen im Elternbett geht.

Aber nicht für alle Entwicklungsbereiche gilt, dass sie »individuell« sein dürfen bzw. sich in ihnen die Individualität des Kindes ausdrückt. Denn auch wenn Kinder später oft vieles nachgeholt zu haben scheinen, so übersehen wir doch oftmals sowohl die Unterschiede in der Qualität als auch, welche Anstrengung es das Kind kostet. Besonders die gesunde motorische Entwicklung ist in Ablauf, Reihenfolge und Zeitpunkten festgelegt und *nicht* individuell (siehe auch »Bewegungssinn«, S. 29). Verfrühung und Verspätung sowie ungewöhnliche Bewegungsmuster weisen auf Probleme in Muskeltonusregulation und Reflexintegration hin, die (neuro-)physiotherapeutischer Behandlung bedürfen.

Auch die Sprachentwicklung ist relativ festgelegt, fußt sie doch auf der – ebenfalls standardisierten – motorischen Entwicklung und auf genetisch verankerten Zeitfenstern in der Hirnreifung. So werden z. B. nach sieben Lebensmonaten alle fremdsprachlichen Laute aus dem Lallen entfernt – das Baby lallt und brabbelt dann nur noch »muttersprachlich«. Im Folgenden haben alle Laute ihre Zeitfenster in der sprachlichen Entwicklung.

Auch hier sind deutliche Verfrühungen oder Verspätungen oder auch ungewöhnliche Sprachmuster also Zeichen obiger Probleme in der Muskeltonusregulation. Relativ häufig gibt es auch unerkannte Mittelohrentzündungen mit Paukenergüssen (eine Flüssigkeitsansammlung im Ohr), die zu einer Sprachverzögerung bzw. je nach Zeitpunkt dazu führen können, dass das Kind möglicherweise ein Zeitfenster für die Sprache verpasst.

Ein Beispiel aus der Elternberatung

Sophie, fünfeinhalb Jahre alt, sitzt am liebsten auf dem Sofa und blättert in Büchern. Alle denken: »Sophie hat es gern gemütlich«, oder auch: »Sophie ist halt phlegmatisch«, oder gar: »Sophie ist faul!« Immer ist sie die Letzte: beim Anziehen, beim Spazierengehen, beim Händewaschen. Ständig hört sie: »Sophie, nun mach doch mal!«, »Sophie, wir warten alle schon«, »Mach zu, hopp hopp!«

Sophie ist ungeschickt. Sie fällt oft über ihre eigenen Füße, hat es schwer mit dem Klettern und auch damit, sich selbst Anschwung auf der Schaukel zu geben. Auch feinmotorisch wollen ihr viele Dinge nicht so richtig gut gelingen. Ihr Mund ist nach dem Essen verschmiert, beim Tischdecken fallen ihr ständig die Messer aus der Hand und wenn sie ein Bild malt, führt das über »Krickelkrakel« bislang nicht hinaus. Bei der Schuleingangsuntersuchung fällt auf, dass sie Probleme mit der Stifthaltung, der Kraftdosierung beim Malen/Schreiben, in der Form- und Mengenerfassung und in der Nachahmung hat. Auch ihre mangelnde Konzentration – sie träumt ständig vor sich hin – und schlechte Artikulation wird von den Lehrer*innen bemängelt.

Schon als Baby war Sophie spät dran mit dem Drehen, Krabbeln und Laufen. Der Kinderarzt bemerkte zwar, dass ihr Muskeltonus hypoton sei, aber er sah keinen Handlungsbedarf. Immer hieß es: »Sophie braucht einfach für alles ein bisschen mehr Zeit.«

Sophies Mutter bedauert heute, damals auf den Kinderarzt gehört zu haben. Sie beginnt jetzt mit Übungen zur neurophysiologischen Nachreifung des Muskeltonus. Aber diese wären Jahre früher wesentlich effektiver und nachhaltiger gewesen. Wäre bereits früher eingegriffen worden, wären Sophie zudem einiges an Misserfolgserfahrungen und Frust erspart geblieben.

Die Entwicklung der Selbstregulation ist weniger festgelegt. Allerdings ist davon auszugehen – und in den Elternberatungen begegnet mir das regelmäßig –, dass Kinder, die sich als Baby und Kleinkinder schwer befriedigen und beruhigen ließen, auch später Schwierigkeiten mit der Regulation physiologischer und emotionaler Erregung und der Befriedigung eigener Bedürfnisse im Sinne der Selbstfürsorge haben.

Und auch für die Interaktion gibt es Zeitfenster. So wissen wir, dass sich die Fähigkeit, Gesichter zu erkennen, in den ersten Lebensmonaten entwickelt. Hat ein Kind innerhalb dieses Zeitfensters die Gesichter seiner Bezugspersonen zu wenig studiert, so wird es später Probleme damit haben, Menschen wiederzuerkennen, insbesondere, wenn sie ihr Äußeres, z. B. die Frisur oder die Brille, verändert haben. Selbstverständlich wird es bei mangelndem Gesichtsstudium auch eine geringere Fähigkeit entwickeln, Mimik zu »lesen« – eine Voraussetzung dafür, mit neun Monaten zu wissen, welche sozialen Regeln und Normen in der jeweiligen Kultur gelten, und auch eine Grundlage dafür, die Gedanken und Ideen anderer Menschen nachvollziehen können.

»Das Kind ist mein Produkt.«

Kinder können zum ganzen Stolz ihrer Eltern werden oder aber ein Grund dafür sein, sich in Grund und Boden zu schämen. Sie können uns das Gefühl geben, großartige Eltern zu sein, oder aber ein Quell von Schuld- oder Minderwertigkeitsgefühlen sein, weil wir meinen, als Mutter oder Vater unzureichend zu sein, ja vielleicht sogar versagt zu haben.

Kinder sind jedoch nicht das Ergebnis unserer Erziehungsarbeit. Sie sind eigene Individualitäten, die sich in unserem Schutz und mit unserer Begleitung in ihrem Leben entfalten. Und sie bringen Anlagen mit, die von Beginn an mit ihrer Umwelt – also uns und der weiteren Umwelt – interagieren. Selbstverständlich sind wir als Bezugsperson existenziell wichtig für die Entwicklung des Kindes. Selbstverständlich sind wir entscheidend für die frühen Prägungen unserer Kinder. Und doch können wir unseren Beitrag nicht herausrechnen; er ist ein unbestimmbarer Teil des Ganzen bzw. dessen, was das Kind daraus macht.

Wenn uns als Eltern hier die nötige Demut fehlt, sind wir schnell verleitet, das Kind zu unserer eigenen Aufwertung und Bespiegelung benutzen zu wollen und entsprechende Erwartungen an das Kind (und uns selbst als Mutter oder Vater) zu haben. Und wir setzen andere Eltern unter Druck und damit wiederum deren Kinder: Wer hat noch nicht gehört, dass Luisa schon durchschläft, seit sie ein halbes Jahr alt ist, oder der zweijährige Tom schon sauber ist und die vierjährige Hanna schon mit dem Lesen anfängt? Oder dass Till immer sein Spielzeug abgibt und nie haut?

Die gute Nachricht: Wenn unsere Kinder gar nicht vollkommen das Ergebnis unserer Mutter- und Vaterschaft sind, wir also unseren Anteil an dem Ganzen gar nicht kennen, brauchen wir uns auch nicht automatisch zu schämen oder Schuldgefühle zu entwickeln, wenn unser Kind Dinge (noch) nicht so gut kann, »unangebrachtes« Verhalten zeigt oder, anders formuliert, den Erwartungen nicht ganz entspricht. Das entlastet die Beziehung zum Kind enorm, denn Scham und Schuldgefühle sind ein wesentlicher Faktor dafür, dass Kinder unter Druck gesetzt und ihnen Vorwürfe gemacht werden. Wer möchte sich als Mutter oder Vater schon unzulänglich fühlen und dazu noch vor anderen!? Da geben wir die Verantwortung doch lieber dem Kind – das ist nur allzu verständlich und menschlich. Gut für das Kind und unsere Beziehung zu ihm ist das jedoch nicht!

Eine Steigerung des Missverständnisses, Kinder seien unsere Produkte, ist es, das Kind sozusagen der eigenen Identität einzuverleiben.

Natürlich, die Kinder tragen unser Erbgut, sie sind Teil unseres Lebens. Und unsere Identität als Mutter und Vater gründet auf ihrem Dasein bzw. entwickelt sich im Zuge des Zusammenlebens mit ihnen. Allerdings sind Kinder nicht unser erweitertes Selbst. Sie sollten nicht benutzt werden, um mit ihrer Frisur, Kleidung oder Zimmereinrichtung Style, Status oder soziale Zugehörigkeiten der Eltern auszudrücken.

»Mein Kind soll mich liebhaben.«

Vielleicht ist es vielen Eltern nicht bewusst, aber in den Beratungen erlebe ich immer wieder, dass Eltern alles tun, damit ihre Kinder sie liebhaben. Sie ertragen es nicht, wenn ihre Kinder wütend auf sie sind, mit ihnen schimpfen, sie »doof« finden oder sogar äußern, eine andere Mama sei »viel besser«. Dabei ist das ganz normal: Eltern müssen Entscheidungen treffen und Dinge durchsetzen, die die Kinder frustrieren, verärgern, enttäuschen oder traurig machen, im Sinne des Wohlergehens aller aber notwendig sind. Das bedeutet nichts anderes, als dass die Eltern tatsächlich ihre Verantwortung übernehmen.

Hinderlich ist, wenn die Reaktion des Kindes »persönlich« genommen wird. Das verleitet zu wortreichen Rechtfertigungen seitens der Eltern, die über die Gefühle des Kindes hinweggehen und damit die Situation für das Kind eher noch verschlimmern. Oder die Eltern werden emotional: Sie reagieren gekränkt oder verärgert auf den Ärger und Frust des Kindes, was oft dazu führt, dass die Situation vollends eskaliert. Möglicherweise beginnen sie auch, dem Kind Vorwürfe wegen seiner Reaktion zu machen, damit sie sich selbst wieder besser fühlen können.

Kinder brauchen Eltern, die die Verantwortung komplett übernehmen und für die Regeln, die ihnen wichtig sind, und für die Entscheidungen, die sie treffen, »geradestehen«. Die Verantwortung voll zu übernehmen bedeutet auch, die Gefühle des Kindes entgegenzunehmen und es feinfühlig zu begleiten, dem Kind also zu helfen, sich wieder zu regulieren und mit ihm gemeinsam Lösungen finden, wie es vielleicht wieder gut werden kann. Mehr dazu unter Dos and Don’ts z. B. unter »Regeln einführen« (S. 122) und »Konflikte, Regelverstöße« (S. 139).

3.

Dos and Don'ts

Wärme und Begrenzung bei deinem Baby

Dos

Gib deinem Baby ganz viel Körperkontakt.

Gib ihm ein warmes Bettchen, schütze das Bett vor Zugluft, begrenze es mit einer Stillrolle oder einem Nestchen und einem Betthimmel.

Stecke dein Baby in einen Schlafsack oder Pucksack. Achtung: Die Füße dürfen unten nicht anstoßen, damit keine Reflexe ausgelöst werden!

Trage dein Baby viel im Tuch: wenn es schläft oder bei rhythmischen Tätigkeiten wie Spazierengehen.

Setze deinem Baby im gesamten ersten Lebensjahr draußen ein Mützchen auf (bei Hitze aus Seide).

Achte insbesondere auf warme Füßchen, massiere diese eventuell immer wieder.

Was du damit bewirkst:

- Dein Baby erlebt eine ähnliche Umgebung wie im Mutterleib, was eine regulierende, beruhigende Wirkung hat, ihm Sicherheit und körperliches Wohlgefühl verschafft und damit seinem vegetativen Nervensystem hilft, auszureifen.
- Der Tastsinn des Babys entwickelt sich weiter: Es bekommt ein Gefühl für seinen Körper und dessen Grenzen.

Don’ts

Lege dein Baby nicht in ein Bettchen ohne Betthimmel und Nestchen.

Gehe mit deinem Baby im ersten Lebensjahr zu keiner Jahreszeit ohne Mützchen nach draußen.

Ziehe dein Baby nicht zu dünn bzw. kalt an.

Vermeide unbedingt kalte Füße, möglichst auch kalte Hände. Hier können Stulpen und Pulswärmer helfen.

Was du sonst bewirken könntest:

- Das Baby erlebt zu wenig Begrenzung, Sicherheit und Geborgenheit.
- Es fühlt sich in seinem Körper weniger wohl und beheimatet.
- Es lässt sich schwerer beruhigen.

Gut zu wissen

Wenn das Baby unruhig ist, viel nörgelt oder schlecht in den Schlaf findet, kann es helfen, das Baby mit einem Tuch zu pucken. Gute Anleitungen dazu findest du im Internet.

Was viele nicht wissen: Schon für Babys ab 5 kg gibt es medizinische Gewichtsdecken. Gewichts- oder Therapiedecken üben einen steten Ganzkörperdruck aus, der beruhigend und ausgleichend auf das vegetative Nervensystem einwirkt und damit Entspannung und Schlaf fördert sowie ein Empfinden von Sicherheit und Geborgenheit gibt. Diese Decken können sowohl zur akuten Beruhigung eingesetzt werden, als auch als »ganz normale« Bettdecke dienen. Sollte das Baby die Decke nicht akzeptieren, kannst du sie über das Kind legen, wenn es bereits eingeschlafen ist. Die Decke »wirkt« auch im Schlaf!

Wärme und Begrenzung beim Kleinkind

Dos

Gib deinem Kind immer dann Körperkontakt und Nähe, wenn es das Bedürfnis danach hat (und du es gern tust).

Sorge weiterhin für ein warmes Bett, eventuell auch mit Wärmflasche oder Kirschkernkissen. Schütze nach wie vor das Bett vor Zugluft, begrenze und enge es mit Stillrolle, festen Kissen und einem Betthimmel ein.

Lasse das Kind im Schlafsack schlafen (Achtung: Die Füße dürfen unten nicht anstoßen, damit keine Reflexe ausgelöst werden!) und/oder besorge eine schwere Decke.

Massiere dein Kind. Klopfe, bürste oder streife es von oben nach unten ab. Drücke es so fest, wie es das mag. Wickle es z. B. beim Vorlesen fest in eine Decke ein. Lege etwas Schweres – ein Kastanien- oder Sandkissen – auf sein Becken bzw. seinen Schoß. Baue mit ihm enge Höhlen und Tunnel. Trockne es mit harten Handtüchern ab. Gib ihm eher enge und feste, aber dehnbare Kleidung.

Achte darauf, dass dem Kind auch draußen immer warm genug ist. Mützen sind auch in den Übergangszeiten immer noch ein Muss. Wenn es das Kind verträgt, lasse es möglichst viel Wollunterwäsche, alternativ Wolle-Seide- oder Seidenunterwäsche tragen.

Achte insbesondere auf warme Füße. Sollte dein Kind zu Hause gerne barfuß laufen, kannst du ihm Stulpen für die Gelenke oder Yogasocken anziehen.

Setze Grenzen und gib Regeln vor, die dir oder euch wichtig sind. Beachte dabei die Dos and Don'ts für Regeln (S. 122). Begleite feinfühlig die Frustration, die möglicherweise mit Regeln bzw. Grenzen verbunden ist.

Was du damit bewirkst:

- Dein Kind erlebt Sicherheit und körperliches Wohlgefühl, womit sein vegetatives Nervensystem weiter ausreift.
- Der Tastsinn deines Kindes und damit sein Gefühl für die eigene Geschlossenheit und die eigenen Grenzen entwickelt sich weiter. Dadurch kann es zunehmend auch die Grenzen anderer und deren Regeln wahrnehmen und achten.

Don'ts

Versäume nicht, deinem Kind ganz viel Körperkontakt oder andere Formen der Berührung oder des Drucks auf der Haut beim Kuscheln, Spielen, Toben, der Körperpflege oder durch die Kleidung zu verschaffen.

Lege dein Kind nicht in ein Bett ohne Begrenzung und Betthimmel.

Du solltest deinem Kind keine zu leichte Decke geben, die ihm keinen »Eindruck« auf der Haut hinterlässt.

Dein Kind sollte im Winter und in den Übergangszeiten nicht ohne Mütze vor die Tür gehen. Achte darauf, dass es nicht zu dünn angezogen ist.

Vermeide unbedingt, dass dein Kind kalte Füße hat.

Versäume nicht, Regeln festzulegen und Grenzen zu setzen (siehe unter Dos und Don'ts »Regeln einführen«, S. 122).

Was du sonst bewirken könntest:

- Dein Kind erlebt zu wenig Begrenzung, Sicherheit und Geborgenheit.
- Es fühlt sich in seinem Körper weniger wohl und beheimatet.
- Das Kind hat eher Schwierigkeiten mit der Selbstregulation.
- Es kann seine eigenen und die Grenzen anderer weniger wahrnehmen und beachten.
- Das Kind tut sich schwerer damit, Regeln zu beachten bzw. zu befolgen.

Ein Beispiel aus der Elternberatung

Die Eltern von Niklas (drei Jahre alt) wurden von der Erzieherin darauf angesprochen, dass Niklas immer wieder in Konflikte mit anderen Kindern gerate. Er würde sie ständig anrempeln, sie beim Raufen zu fest drücken, ihnen einfach Spielzeug aus der Hand nehmen oder aber auch zu nahe kommen, indem er sich ganz nah – Gesicht an Gesicht – vor sie hinstellen würde. Zu Hause ist den Eltern aufgefallen, dass sich Niklas immer sehr eng an sie drückt, beispielsweise beim Vorlesen oder nachts im Elternbett. Außerdem zeigt er unterwegs immer wieder distanzloses Verhalten: Er fasst völlig fremde Menschen im Bus an und beim Zahnarzt ist er kürzlich herumgelaufen und wollte alle Schubladen und Türen öffnen.

Niklas’ Mutter ist eine sehr sanfte Mutter. Sie streichelt Niklas immer eher vorsichtig und zart. Feste Berührungen, so wie Niklas sie bevorzugt, sind ihr zu doll bzw. tun ihr schnell weh. Als Niklas ein Baby war, hat sie sich kaum getraut, ihn anzufassen. Er war ihr erstes Kind und schien ihr so zerbrechlich. Zudem hatte sie einfach keine Übung mit Babys. Sie dachte, sie muss möglichst zart mit ihm sein. Im weiteren Gespräch erwähnt sie auch, dass sie immer Angst hatte, Niklas könne am plötzlichen Kindstod sterben. So habe sie immer für »viel Luft ums Baby herum« gesorgt. Selbst Niklas im engen Tuch zu tragen, habe sie sich nicht getraut.

Niklas’ Mutter hat es zudem schwer, ihm Grenzen aufzuzeigen. Sie geht über ihre eigenen Grenzen hinweg, um vor dem Einschlafen auch noch das dritte Buch zu lesen oder das zehnte Lied zu singen. Sie spürt, dass sie damit immer ausgelaugter und auch ärgerlicher wird, weshalb sie immer neue Regeln aufstellt, wie z. B.: »Wir lesen abends nur ein Buch!« Wenn Niklas dann aber bettelt und weint, gibt sie doch nach und es werden wieder drei.

Der Vater von Niklas kann das Verhalten der Mutter nicht ausgleichen. Er ist beruflich sehr eingespannt. Zudem fällt es ihm schwer, sich auf Niklas' Körperlichkeit einzulassen. So mag er beispielsweise nicht gerne mit ihm raufen. Lieber baut er Schleichtiere mit ihm auf oder liest ihm etwas vor.

Ich erläutere den Eltern, dass Niklas' Bedürfnis nach Tastsinnwahrnehmungen, also Berührung, Druck und Begrenzung, zu wenig Befriedigung erfahren hat bzw. immer noch erfährt und die beschriebenen Auffälligkeiten höchstwahrscheinlich damit zusammenhängen.

Ich empfehle eine Gewichtsdecke für nachts und rate der Mutter, ihn dreimal täglich von oben bis unten abzubürsten oder abzuklopfen. Den Vater ermuntere ich dazu, am Wochenende mit seinem Sohn zu toben und zu raufen – natürlich mit Regeln. Zudem arbeiten wir daran, welche Regeln und Grenzen wirklich wichtig sind und wie sie Niklas vermittelt werden können. Die Mutter unterstütze ich im Weiteren, die Frustration von Niklas anzunehmen und ihn darin zu begleiten, statt seinen »grenzenlosen« Wünschen nachzukommen.

Notiz: Die in diesem Fall genannten Empfehlungen für Grenzen und Regeln gebe ich nicht bzw. wenn nur in anderer Form, wenn eine Vitalsinnstörung zugrunde liegt oder zusätzlich vorliegt. Denn hier muss die Stressreduktion u. a. durch feinfühlige Begleitung absolut im Mittelpunkt stehen. Zudem ist unbedingt zu klären, ob hinter dem Wunsch nach drei Büchern und zehn Liedern am Abend möglicherweise ein unerfülltes Bedürfnis beispielsweise nach Nähe, Begleitung oder Aufmerksamkeit stecken könnte. Dann gilt es selbstverständlich, zunächst dieses zu befriedigen und zu beobachten, ob sich die »ausufernden« Wünsche daraufhin zurückziehen.
Bei Niklas war ich mir sicher, dass sein Bedürfnis nach Orientierung, Sicherheit und Begrenzung zu wenig befriedigt war und hierin der Grund für sein Verhalten lag.

Rhythmus beim Baby einführen

Dos

Finde feinfühlig nach und nach gemeinsam mit deinem Baby einen Rhythmus zwischen Tag und Nacht, Wachen und Schlafen, Stillen und Verdauen, Aktivitäten und Pausen.

Passe diesen Rhythmus immer wieder feinfühlig an neue Phasen und Entwicklungen an: Das Baby wächst, das Baby bekommt Zähne, das Baby ist immer länger wach ...

Von diesen Anpassungen und Ausnahmen abgesehen, sollte sich ein möglichst gleichbleibender Tages- und Wochenrhythmus einstellen.

Was du damit bewirkst:

- Das vegetative Nervensystem kann ausreifen und sich zunehmend regulieren.
- Mit der Ausreifung des vegetativen Nervensystems erlebt dein Baby immer öfter Wohlgefühl.
- Die wiederkehrenden Rhythmen und Abläufe machen das – völlig neue, grenzenlos unbekannte – Leben für dein Baby vorhersehbar. Das vermittelt ihm Verlässlichkeit und Sicherheit.
- Die mit Umbau und Wachstum befasste Leber wird entlastet, indem sie sich auf die Rhythmen einstellen und jeweils im Voraus die nötigen Stoffe herstellen kann.

Don’ts

Vermeide einen einseitigen, nur von euch Eltern bestimmten Rhythmus, der die Bedürfnisse eures Babys nicht berücksichtigt.

Vermeide einen »toten Takt«, der keine geringsten Abweichungen und Variationen zulässt. Beispiel: Jeden Tag Punkt 18:00 Uhr wird gestillt.

Vermeide Strukturlosigkeit ohne Rhythmus, in der jeder Tag völlig anders verläuft.

Halte dein Baby nicht wach, wenn es müde ist.

Vermeide es, dein Baby ununterbrochen, zumindest ohne kleine Pausen, zu stillen.

Was du sonst bewirken könntest:

- Das Baby ist verunsichert, weil es nicht weiß, was als Nächstes geschieht. Der damit provozierte physiologische Stress bringt das Vegetativum aus der Balance.
- Das vegetative Nervensystem entwickelt möglicherweise eine Einseitigkeit: Das Baby schläft extrem viel oder aber wird überwach und schläft schlecht.
- Das Baby erlebt weniger Wohlgefühl, lässt sich möglicherweise schlechter beruhigen oder aktivieren.
- Die hart arbeitende Leber wird unnötig weiter belastet, sodass das Baby den Alltag als übermäßig anstrengend empfindet.

Rhythmus beim Kleinkind einführen

Dos

Passe den Rhythmus immer wieder feinfühlig an neue Phasen und Entwicklungen an, bis er sich zunehmend an euren elterlichen Rhythmus angepasst hat. Achte dafür darauf, wann dein Kind üblicherweise müde wird und wann es Anzeichen von Hunger zeigt.

Von Anpassungen und auch Ausnahmen abgesehen, sollte ein möglichst gleichbleibender Tages- und Wochenrhythmus aufrechterhalten werden.

Achte auf eine Mittagspause. Dein Kind kann besser schlafen, wenn auch du in dieser Zeit ruhst.

Passe eine Leichtschlafphase (Augenbewegungen, motorische Unruhe) ab, um dein Kind zu wecken.

Strukturiere die Woche dadurch, dass sich die Tage wiederkehrend unterscheiden: Möglicherweise gibt es einen Kuchenbacktag, einen Tag mit süßem Mittagessen, einen Oma-Tag, einen Kinderturntag …

Was du damit bewirkst:

- Das vegetative Nervensystem kann weiter ausreifen und sich zunehmend regulieren.
- Dein Kind erlebt Verlässlichkeit, Sicherheit und Wohlgefühl.
- Die nach wie vor mit Umbau und Wachstum befasste Leber wird entlastet, indem sie sich auf die Rhythmen einstellen und jeweils im Voraus die nötigen Stoffe herstellen kann.

Don'ts

Vermeide sowohl einen zu strikten Rhythmus als auch Strukturlosigkeit am Tag und in der Woche.

Zögere das Schlafen bei Müdigkeit nicht extra hinaus. Wecke dein Kind möglichst nicht in Tiefschlafphasen.

Vermeide ständiges Knabbern und Naschen zwischen den Mahlzeiten (Reiswaffel, Apfelschnitze, Rosinen, Cracker ...), weil sonst gar kein richtiges Hungergefühl entstehen kann.

Was du sonst bewirken könntest:

- Dein Kind wird verunsichert, weil es nicht weiß, was als Nächstes geschieht. Der damit provozierte physiologische Stress bringt das Vegetativum aus der Balance.
- Dein Kind erlebt weniger Wohlgefühl. Die Fähigkeit zur Selbstregulierung und zur Selbstfürsorge – ich kann meine körperlichen Bedürfnisse wahrnehmen und weiß, was ich tun kann, damit es mir gut geht – wird weniger gut angelegt.
- Die hart arbeitende Leber wird unnötig weiter belastet, wodurch das Kind den Alltag als übermäßig anstrengend empfindet.

Stillen von Baby und Kleinkind

Dos

Du solltest unbedingt daran glauben, dass du stillen kannst! Du hast genug Milch, das Baby kann gut genug saugen und deine Brustwarzen werden es überstehen! Wäre dem nicht so, hätten wir es als Spezies Mensch gar nicht geschafft, zu überleben.

Auch wenn das Stillen in den ersten Tagen nicht klappt, du dein Baby nicht sehen und in den Arm nehmen kannst, es bereits die Flasche und/oder den Schnuller bekommen hat: Du kannst dein Baby stillen!

Wenn es Probleme gibt: Glaube weiter daran. Ihr beide könnt das! Bleibe vor allem locker! Probiere verschiedene Positionen aus. Ziehe eine Stillberatung hinzu (ggf. über deine Hebamme hinaus). Stelle dein Baby bei einem Osteopathen oder Chiropraktiker vor, denn Stillprobleme können durch Blockaden in der Halswirbelsäule verursacht werden.

Wie lange, wie viele Monate oder Jahre du stillst, hängt einzig und allein von dir und deinem Kind ab. Du kannst dein Kind so lange stillen, wie es das möchte, und du dazu bereit bist. Es ist in unserer Kultur ungewöhnlich, ein Kind länger als ein Jahr zu stillen. Mache dir bewusst, dass es in vielen Kulturen anders ist und die durchschnittliche Stilldauer weltweit bei vier Jahren liegt. (Und nein, das liegt nicht am Hunger in einigen Regionen der Welt!) Mache dir zudem bewusst, dass die physiologische Stilldauer des »Menschenjungen« auf vier bis sieben (!) Jahre geschätzt wird. Das erleichtert deinen individuellen, aber gemeinsamen Weg mit deinem Kind.

Mache dir keine Sorgen um eine ausreichende Zufuhr an Nährstoffen. Theoretisch kann das Kind mindestens ein Jahr lang voll gestillt werden. Muttermilch ist das Beste, was es gibt, und deine Milch enthält genau das, was dein Kind gerade braucht.

Biete deinem Kind insbesondere die Brust an – auch wenn es schon zugefüttert wird –, wenn es krank ist. Denn hier bekommt es genau das, was es in seinem Zustand gerade benötigt.

Du kannst auch wieder anfangen zu stillen, wenn du vor ein paar Monaten bereits abgestillt hast, dein Kind nun aber beispielsweise Durchfall hat und nichts anderes zu sich nimmt. Lasse das Kind mehrmals an deiner Brust saugen, und die Milch wird sich wieder einstellen.

Wenn es trotz aller Versuche mit dem Stillen nicht klappen sollte, gib deinem Baby möglichst Muttermilch, alternativ Ersatzmilch aus der Flasche, und versuche es – möglichst entspannt und gelassen (dein Kind ist ja versorgt) – weiterhin immer wieder.

Wende dich beim Stillen wie auch beim Fläschchengeben deinem Kind möglichst ganz zu. Stelle Blickkontakt her, rede mit deinem Kind, sage ihm, was geschieht, und spiegle ihm sein Empfinden.

Was du damit bewirkst:

- Dein Baby bekommt mit der Muttermilch fast »körpereigene«, also vertraute Nahrung. Damit kann es sein Verdauungssystem langsam auch an das Verdauen nicht körpereigener Stoffe gewöhnen.
- Diese langsame Gewöhnung unterstützt wiederum eine gesunde Ausreifung des vegetativen Nervensystems.
- Dein Kind bekommt immer genau das, was es gerade besonders braucht: Unterstützung in Wachstums- und jeweiligen Entwicklungsphasen, Hilfe bei Krankheiten und Ergänzung zur restlichen Ernährung.
- Du erlebst, dass du als Mama dein Baby ernähren kannst!
- Dein Kind bekommt beim Stillen ganz viel Nähe, Körperkontakt und individuelle Zuwendung, wodurch die Entwicklung einer sicheren Bindung unterstützt wird.

Don'ts

Lasse dich nicht vorschnell überzeugen, du hättest zu wenig oder zu viel Milch, nicht die richtige Milch, zu große, zu kleine oder ungünstig geformte Brüste, nicht die richtigen Brustwarzen oder aber das Kind könne, nachdem es bereits die Flasche genommen habe, die Brust nicht mehr nehmen.

Stille nicht ab, nur weil du denkst, das gehöre sich nach neun Monaten oder mindestens einem Jahr so, obwohl ihr beide – du und dein Kind – gerne noch weiter stillen würdet.

Was du sonst bewirken könntest:

- Dein Baby hat es mit dem Übergang zur »fremden« Nahrung schwerer und hat dadurch unter Umständen leichter Verdauungsprobleme.
- Dein Baby bekommt nicht immer die jeweils passgenaue, optimale Ernährung, wie Muttermilch sie bietet.
- Eure Bindungsbeziehung kann sich eventuell weniger gut entwickeln.
- Du kannst dich weniger als kompetente Mutter erleben, die in der Lage ist, ihrem Kind alles zu geben, was es braucht.

Essen beim Baby und Kleinkind

Dos

Du solltest mit dem Zufüttern warten, bis drei Voraussetzungen erfüllt sind: Erstens sollte dein Baby seine ersten Zähne bekommen haben. Zweitens sollte dein Baby Interesse am Essen zeigen: Es verfolgt mit seinen Blicken, wie ihr Eltern esst, und es streckt seine Händchen danach aus. Und drittens kommt dein Baby, wenn es in der Bauchlage liegt, bereits in den Handstütz – Handballen- und Zungengrundmuskulatur reifen gemeinsam aus. Ist Letztere noch nicht genug entwickelt, kann dein Baby den Nahrungsbrei nicht nach hinten befördern, sodass er einfach wieder ausgespuckt wird. In diesen drei Punkten ist es meist um den sechsten Lebensmonat so weit.

Biete deinem Baby neue Speisen jeweils drei Mal hintereinander an: Der Organismus muss erst die richtigen Enzyme bilden, um mit dem ungewohnten Nährstoff umgehen und ihn »akzeptieren« zu können. Lehnt dein Baby die Speise dann immer noch ab, verzichte zunächst auf sie.

Wenn dein Baby keinen Brei mag: kein Problem! Es gibt Babys, die direkt »an den Esstisch« gehen, also lieber mitessen, was alle essen: Brotkanten, zerquetschte Kartoffel oder Banane …

Wenn sich dein Baby weiter vor allem von der Brust ernährt: auch kein Problem! Es bekommt hier alles, was es braucht!

Halte einen Essensrhythmus ein, in dem auch Pausen vorkommen (siehe auch »Rhythmus einführen«, S. 76).

Was du damit bewirkst:

- Dein Baby und sein Verdauungssystem können sich der natürlichen Entwicklung entsprechend an feste Nahrung gewöhnen.
- Vegetativum und Leber werden bestmöglich unterstützt bzw. nicht belastet.
- Ihr bekommt »kein Thema« mit dem Essen.

Don’ts

Füttere dein Baby nicht bereits mit vier Monaten zu, wie derzeit von Kinderärzten empfohlen. (Dieser Zeitpunkt entspricht definitiv nicht der Entwicklung der meisten Kinder!)

Füttere keinen Vollkornbrei (Vollkorn muss vergoren werden, damit es verdaulich wird!).

Setze dich und dein Kind nicht unter Druck, etwas zu essen oder zu trinken.

Vermeide unregelmäßiges oder auch pausenloses Essen.

Was du sonst bewirken könntest:

- Dein Baby bekommt möglicherweise Verdauungsprobleme mit Unwohlsein und Bauchweh, und entsprechend ungünstig sind die Auswirkungen auf das vegetative Nervensystem und seine Ausreifung.
- Essen wird »ein Thema« zwischen dir und deinem Kind, denn es soll etwas machen – essen –, was es vielleicht noch gar nicht kann bzw. können muss.
- Essen wird für das Kind angst- und stressbesetzt, was sich ebenfalls negativ auf das vegetative Nervensystem auswirkt.
- Und auch du gerätst in Stress, wenn (wieder) etwas nicht klappt, von dem du dachtest, dass es doch klappen müsse.

Der Schlaf deines Babys

Dos

Sei dir bewusst, dass es zwischen sechs und zwölf Monate dauert, bis dein Kind durchschläft. So lange braucht es, bis vegetatives Nervensystem und Schlafregulation so weit ausgereift sind, dass das Kind regelmäßig mindestens sechs Stunden am Stück schlafen kann.

Halte dein kleines Baby möglichst viel am Körper bzw. bei dir, damit es deinen Rhythmus von Schlafen und Wachen, Pausen und Aktivität miterlebt.

Sorge tagsüber für deutlich mehr Aktivität, nachts für deutlich mehr Ruhe.

Lege dein Baby (und dich) hin, wenn es müde ist. Dann verknüpft es das Gefühl von Müdigkeit immer mehr mit Hinlegen.

Lege es für den nächtlichen Schlaf möglichst immer an denselben Ort/ in dasselbe Bettchen.

Singe zum Einschlafen ein Lied, das du magst und bei dem du dir vorstellen kannst, es viele Jahre jeden Abend zu singen.

Wecke dein Baby möglichst nicht, wenn es gerade im Tiefschlaf ist.

Mache dir bewusst, dass Babys instinktiv – das ist genetisch in ihnen angelegt! – nicht allein, sondern bei Mama und Papa schlafen möchten. Möglicherweise zeigt sich dieses Bedürfnis erst nach ein paar Monaten, wenn eine entsprechende Entwicklungsstufe beim Kind erreicht ist und es Trennung deutlicher wahrnimmt. Sollte es keine gewichtigen Gründe geben, die dagegensprechen, dass euer Kind bei euch schläft (beispielweise keiner kann schlafen), dann solltest du dem Bedürfnis deines Babys nachkommen und es möglichst nah bei dir oder euch schlafen lassen.

Findet eure ganz individuellen Schlaflösungen und passt diese immer wieder an die jeweiligen Phasen und Anforderungen neu an: Baby im Elternbett, Baby mit Mama im Bett, Baby mit Papa im Bett, Baby im Beistellbett, Baby im eigenen Bett im Elternzimmer, Baby im eigenen Bett im Kinderzimmer ... Das Wichtigste ist: Alle können so gut wie möglich schlafen!

Sollte dein Baby Schwierigkeiten haben, ausreichend zu schlafen bzw. in einer angemessenen Zeit durchzuschlafen, hole dir Hilfe. Unter Umständen liegen Probleme im vegetativen Nervensystem oder im Bereich der Halswirbelsäule, der Muskeltonusregulation und frühkindlicher Reflexe vor.

Was du damit bewirkst:

- Nach und nach entsteht ein Schlafrhythmus, der die Bedürfnisse des Babys nach Schlaf einerseits und Bindung andererseits miteinbezieht.
- Wenn das gelingt, könnt auch ihr als Eltern zumindest das Nötigste an Schlaf bekommen.
- Schlafen wird kein belastendes »Thema« zwischen dir und deinem Baby.

Don'ts

Vermeide ein Schlaftraining, das die Bindungsbedürfnisse des Babys nicht befriedigt, bei dem es nicht nach Bedarf, sondern nach Zeitplan und anderen Vorgaben allein gelassen oder getröstet wird.

Was du sonst bewirken könntest:

- Das Baby wird extremem Stress ausgesetzt, der möglicherweise sogar traumatisch verarbeitet wird. Das kann massive Auswirkungen auf das Vegetativum haben, insbesondere eine Neigung zu den Extremen: Das Baby ist entweder überwach und aktiv (bis hin zur Erstarrung) oder aber »schaltet« sich regelmäßig ab und versinkt in seiner eigenen Welt (bis hin zur vollständigen Erschlaffung). Zudem wird die Bindungsbeziehung bzw. die Entwicklung einer sicheren Bindung beeinträchtigt. Das Baby wird verängstigt, verunsichert und verliert Vertrauen oder gewinnt dieses gar nicht erst im nötigen Umfang.
- Nimm dein Baby nicht mit ins Elternbett, wenn einer von euch Eltern Zigaretten – auch im Freien! – konsumiert hat.
- Nimm dein Baby nicht mit ins Elternbett, wenn einer von euch Alkohol, andere Drogen oder auch Medikamente mit entsprechenden Auswirkungen auf Bewusstsein und Wachheit, Steuerungsfähigkeit, Reaktionsgeschwindigkeit etc. konsumiert hat.
- Die Gefahr des plötzlichen Kindstodes wird erhöht, ebenso die Gefahr, dass das Kind von dir/euch erstickt wird.

Der Schlaf deines Kleinkindes

Dos

Auch beim Kleinkind solltest du darauf achten, es hinzulegen, wenn es müde ist, und auch darauf, es möglichst nicht im/aus dem Tiefschlaf zu wecken.

Lege dein Kind zum Schlafen möglichst immer an denselben Ort.

Ziehe deinem Kind schon als Kleinstkind einen Schlafanzug, also etwas anderes als die Tageskleidung, an, damit es diese Kleidung mit dem Nachtschlaf verbindet.

Finde möglichst früh ein Einschlafritual, beispielsweise Füße massieren, vorlesen, Licht löschen, singen, Spieluhr .... Verfolge dieses Ritual jeden Abend!

Stellt euch darauf ein, dass euer Kind nach wie vor zum Schlafen bzw. nachts ein großes Nähebedürfnis hat. Dieses wird – bedingt durch verschiedene Entwicklungsphasen – mal stärker oder schwächer sein. Möglicherweise kommt euer Kind bis ins Schulalter hinein nachts ab und an zu euch ins Bett geschlüpft.

Nach wie vor solltet ihr versuchen, individuelle Schlaflösungen zu finden. Ob ein Elternteil mit im Kinderzimmer schläft, das Kind bei euch oder einem Elternteil im Bett oder das Kind allein oder mit Geschwisterkind im Kinderzimmer: Alles ist erlaubt! Die Hauptsache ist, dass alle möglichst gut schlafen können.

Wenn das Kind bereits über ein Jahr alt ist und noch nicht regelmäßig durchschläft, holt, insbesondere wenn die Erschöpfung bereits groß ist, Hilfe!

Was du damit bewirkst:

- Du stabilisierst den Schlaf-Wach-Rhythmus des Kindes und wirkst positiv auf die Ausreifung des vegetativen Nervensystems ein.
- Du stärkst die Bindung und das Vertrauen des Kindes.
- Alle Familienmitglieder schlafen wenigstens ausreichend.

Don'ts

Unterlasse ein Schlaftraining, das die Bindungsbedürfnisse des Babys nicht befriedigt, bei dem es nicht nach Bedarf, sondern nach Zeitplan und anderen Vorgaben allein gelassen oder getröstet wird.

Was du sonst bewirken könntest:

- Auch das kleine Kind wird durch solch ein Programm massivem Stress mit all seinen negativen Auswirkungen auf das Vegetativum ausgesetzt. Auch im Kleinkindalter können diese Erfahrungen traumatisch verarbeitet werden. Die Bindungsbeziehung wird belastet bzw. gestört, das Kind wird verängstigt, verunsichert und verliert Vertrauen.

Ein Beispiel aus der Elternberatung

Die Eltern von Clara, fünf Jahre alt, erzählen aus den ersten Jahren mit ihr: Clara war von Beginn an ein sehr waches Baby. Im ersten Lebensjahr war sie tagsüber kaum zum Schlafen zu bringen, außer sie wurde gestillt. Ihre Eltern hüpften mit ihr auf dem Hüpfball durch die Wohnung, oder der Vater fuhr mit ihr im Auto um den Block. Wehe aber, Clara wurde abgelegt, es wurde aufgehört zu hüpfen oder das Auto stand still: Clara wurde sofort wieder wach. Auch die Nächte waren unruhig. Clara wachte jede Stunde auf und wollte die Brust. Manchmal schlief sie auch dann nicht ein, sondern musste lange herumgetragen werden, bis es wieder Zeit für die nächste Brust war und sie – hoffentlich – dort dann für eine Stunde erneut einschlief.

Als Clara ein halbes Jahr alt war, gaben ihre Eltern ihr abends eine Flasche mit Brei, damit sie gesättigt vielleicht länger am Stück schlief. Aber Clara trank nur ein paar Schluck davon, und es ergab sich keine Verbesserung.

Mit einem Jahr – Clara war nun abgestillt – wachte Clara immer noch mehrmals nachts auf. Nun nahm der Vater sie mit ins Bett, um die Mutter, die am Ende ihrer Kräfte und Nerven war, zu entlasten. Das ging ein paar Tage ganz gut, dann aber verlangte Clara nachts ausdauernd nach ihrer Mutter. Nach ein paar Nächten war der Papa am Ende seiner Geduld, musste er doch morgens früh aufstehen und zur Arbeit gehen. Bis Clara eineinhalb Jahre alt war, schlief sie also wieder bei ihrer Mutter. Dann bekam sie ein eigenes Bettchen im selben Zimmer, hier schlief sie zumindest am Abend schon mal für ein paar Stunden ein, bevor sie dann nachts rübergekrabbelt kam. Allerdings brauchte sie zum Einschlafen über eine Stunde, die ihre Mutter jeden Abend bei ihr sitzen musste. Regelmäßig schlief die Mutter im Sitzen vor Claras Bettchen ein und hatte keinen Abend für sich.

Mit zwei Jahren schlief Clara immer noch nicht besser ein und wachte nachts immer noch regelmäßig mehrmals auf. Die Mutter war am Ende ihrer Kräfte, wollte aber eigentlich wieder in ihre Arbeit zurückkehren. Da erzählte eine Nachbarin auf dem Spielplatz von einer Methode, mit der Kinder angeblich ganz schnell schlafen lernen könnten. Claras Mutter besorgte sich das dazugehörige Buch und beschloss gemeinsam mit dem Vater, das dort beschriebene Schlaftraining durchzuführen. Dafür musste sie Clara nach einem festgelegten Zeitplan nach dem Gute-Nacht-Sagen zunächst allein lassen, dann wieder zu ihr gehen, um sie dann wieder allein zu lassen.

Clara schrie sich drei Nächte lang für mehrere Stunden die Seele aus dem Leib. Die Eltern saßen derweil heulend im Wohnzimmer, wischten sich nach Zeitplan die Tränen aus dem Gesicht, um kurz zu Clara hinein- und dann wieder hinauszugehen. Irgendwann war es ruhig. Clara lag tief schlafend und verschwitzt im Bett.

Clara schläft seitdem gut ein. Auch nachts meldet sie sich kaum noch. Das Programm hat sein Ziel also erreicht.

Was ist passiert? Dadurch, dass ihre Eltern sie allein und auch schreien ließen bzw. das Zimmer verließen, bevor sie sich jeweils beruhigt hatte, ist Clara in hochgradigen physiologischen Stress geraten. Nach einigen Stunden dieser extremen physiologischen Belastung ist Claras Organismus in einer Notfallreaktion in eine parasympathische Erschlaffung und damit in den Tiefschlaf gefallen. Nachdem das ein paar Mal geschehen ist, versucht der Organismus im Folgenden, die Strapazen zu vermeiden, indem er bei einem plötzlichen Anstieg der Erregungskurve – Mama verlässt nach dem Gute-Nacht-Sagen das Zimmer – bereits in den parasympathischen Tiefschlafmodus fällt. Dieses fördert eine Unausgewogenheit im vegetativen Nervensystem, da es das Kind schnell in beide Extreme, weniger jedoch in Richtung Mitte – also Regulation und Wohlgefühl – bringt. Bei Clara haben diese Vorgänge die bereits von Geburt an vorhandene Neigung zum Extrem – sie war zu viel Sympathikus-aktiv – verstärkt.

Ziemlich sicher hat Clara auch Vertrauen in ihre Eltern verloren. Sie wird sich weniger sicher sein, dass sie bei ihr sind, dass sie ihr Schutz und Trost geben, wenn sie danach verlangt. Und ihre Eltern fühlen sich tatsächlich elend, dermaßen gegen ihr eigenes Gefühl gehandelt zu haben. Sie haben Clara gegenüber Schuldgefühle, was der Beziehung zu ihr leider auch nicht zuträglich ist.

Ich erläutere den Eltern nicht, was in Claras Organismus vorgegangen ist – sie fühlen sich bereits schlecht »genug«. Wir beraten hingegen, was die Eltern tun können, um Claras Vegetativum auszugleichen und die Bindungsbeziehung durch positive Interaktionen zu stärken.

Clara hat einen kleinen Bruder namens Johannes, der inzwischen eineinhalb Jahre alt und auch immer noch kein guter Schläfer ist. Die Eltern fragen mich, welche alternativen Wege es zu dem bei Clara angewandten Schlaftraining gibt. Weder will die Mutter je wieder so erschöpft sein, noch möchten die Eltern wieder ein solches Programm durchstehen und so gegen ihr eigenes Gefühl handeln.

Zunächst versuchen die Eltern, Johannes' Vegetativum durch viel Berührung und Druck auf der Haut, beispielsweise mithilfe einer Gewichtsdecke und Massagen, auszugleichen. Sie sorgen für mehr Wärme und abends bekommt er nun immer eine Wärmflasche mit unter die Decke. Wir besprechen auch, wie die Tages- und Wochenrhythmen noch verbessert werden können, sodass für Johannes mehr Vorhersehbarkeit und weniger Überreizung gegeben ist. Zudem arbeiten wir an der Feinfühligkeit der Interaktion, die unter den großen Belastungen der letzten Jahre bei den Eltern durchaus etwas gelitten hat. Auch versuche ich, die Eltern zu animieren, mit spielerischen Ansätzen und Humor wieder mehr gemeinsame Freude erlebbar zu machen und damit die Beziehung zu den Kindern zu stärken.

Nach einigen Monaten zeigen sich deutliche Verbesserungen: Mutter und Vater erleben den Alltag mit den Kindern deutlich entspannter und Johannes kann bereits deutlich schneller einschlafen als zuvor. Als nächsten Schritt planen die Eltern, die Kinder in einem Zimmer einschlafen zu lassen; möglicherweise müssten sie dann nicht mehr bei Johannes im Bett liegen bleiben, bis er eingeschlafen ist. Für den Fall, dass die Eltern tatsächlich nicht mehr bei ihm liegen wollen, Johannes ihren Rückzug aber nicht gleich akzeptiert, gebe ich ihnen folgende Tipps mit auf den Weg: Sie sollten in kleinen Schritten nach und nach die Distanz zu Johannes vergrößern, sich also nicht mehr dazuzulegen, sondern zunächst auf die Bettkante setzen, dann auf einen Stuhl am Bett, dann den Stuhl etwas weiter abrücken, schließlich an der Tür sitzen, dann vor der geöffneten Tür ...

Wenn Johannes weinen, die Arme nach ihnen ausstrecken oder nach ihnen rufen sollte, sollten sie nach kurzer Zeit reagieren und ihn trösten, bis er tatsächlich beruhigt ist. Unter Umständen reicht es, mit ihm zu reden oder die Hand zu nehmen, vielleicht muss es aber auch eine Umarmung sein. Wichtig auf jeden Fall: Johannes sollte jeweils vollständig beruhigt sein, wenn die Eltern wieder auf ihre »Position« gehen. So sollte es nach und nach gelingen, dass Johannes es schafft, allein einzuschlafen.

Schnuller bei Baby und Kleinkind

Dos

Wenn dein Kind ein sehr großes Saugbedürfnis hat, du bereits angestrengt vom vielen Nuckeln an der Brust bist, du mehr Freiraum brauchst oder ihr alle mehr Schlaf: Möglicherweise kann ein Schnuller eine Unterstützung sein.

Biete den Schnuller nur an, wenn das Kind ruhen oder schlafen soll.

Sollte das Kind ihn auch zum Trösten haben wollen, dann nur zusätzlich zu deiner Umarmung, deiner Wärme, deinen Worten!

Biete deine ganze Feinfühligkeit in Hinblick auf die verschiedenen Bedürfnisse des Kindes und setze den Schnuller tatsächlich nur in obigen Situationen ein.

Was du damit bewirkst:

- Dein Kind lässt sich möglicherweise besser zum Ruhen oder in den Schlaf bringen.
- Dein Kind hat mit dem Nuckeln einen zusätzlichen Trost, z. B. wenn es sich wehgetan hat oder sich von Mama an der Wohnungstür trennen musste.
- Du erhältst damit eine gewisse Entlastung und Unterstützung im Alltag.

Don’ts

Ersetze deine feinfühlige Zuwendung und Interaktion nicht durch einen Schnuller!

Der Schnuller sollte insgesamt nicht oft und auch nicht in anderen als den oben erwähnten, klar definierten Situationen verwendet werden.

Ein Schnuller sollte insbesondere nicht beim Spielen, Sprechen, Spazierengehen, Schauen, Zuhören – also irgendwelchen Aktivitäten – verwendet werden.

Auch sollte er nicht in den Mund genommen werden, wenn das Kind eigentlich ein anderes Bedürfnis hat und deswegen weint: Vielleicht kratzt der Pulli? Vielleicht hat es Hunger? Vielleicht möchte es ein Eis? Vielleicht möchte es auf Papas Arm? Vielleicht hat ein anderes Kind ihm ein Spielzeug weggenommen? Der Schnuller darf keine Ersatzbefriedigung oder -lösung werden!

Was du sonst bewirken könntest:

- Das Kind fühlt sich weniger wahr- und angenommen, weniger sicher und geborgen in der Interaktion mit und der Beziehung zu dir, und eure Bindung entwickelt sich möglicherweise weniger gut.
- Dein Kind kann seine Bedürfnisse und Gefühle weniger differenziert wahrnehmen lernen, was seine emotionale und soziale Entwicklung beeinträchtigen könnte.
- Es entwickelt stattdessen möglicherweise eine Disposition zu Ersatzbefriedigungen und Abhängigkeiten.
- Dein Kind nimmt mit Schnuller im Mund weniger von der Umwelt auf, was seine kognitive Entwicklung beeinträchtigen könnte.
- Die Sprachentwicklung wird möglicherweise negativ beeinflusst. Auch Kieferform und Zahnstellung können negativ beeinflusst werden.
- Ist der Schnuller erstmal eine ständige »Hilfe« geworden, wird es unter Umständen schwer, dem Kind den Schnuller wieder abzugewöhnen.

Sinnesreize beim Baby

Dos

Sorge in den ersten Wochen und Monaten für möglichst wenig Sinnesreize, vor allem in Hinblick auf das Sehen und Hören. Bleibe viel zu Hause. Reduziere Besuche und den Gebrauch von Medien wie Fernsehen, Internet, Smartphone, Radio etc.

Führe dir immer wieder vor Augen: Das Baby ist ein »Frühgeborenes«. Alles ist für das Baby vollkommen neu: die Welt, die Schwerkraft, die am Körper zieht, die Tastwahrnehmungen auf der Haut, die Bewegungen von Armen und Beinen außerhalb der Gebärmutter im Freien ...

Trage dein Baby im Tuch oder in der Tragehilfe immer mit dem Gesicht zu dir.

Schiebe es, wenn es bereits sitzen kann, im Kinderwagen immer mit dem Gesicht zu dir.

Halte dich mit deinem Kind möglichst viel in der Natur auf.

Beobachte dein Baby. Wenn es gegen Abend immer unruhiger wird und viel schreit, versuche, die Sinnesreize während des Tages noch weiter zu reduzieren.

Was du damit bewirkst:

- Dein Baby hat Zeit und Gelegenheit, seine Körperwahrnehmung zu entwickeln.
- Dein Baby hat Zeit und Gelegenheit, mit Mama und Papa in Kontakt und Interaktion zu kommen – ihr seid das Wichtigste, der »Rest der Welt« kann warten!
- Dein Baby ist der Welt und den mit ihr einhergehenden Reizen nicht hilflos ausgeliefert, sondern kann sich aktiv und selbstwirksam sowie eingebettet in die Interaktion mit euch mit ihr auseinandersetzen.
- Wenn das Baby genug hat, also Zeit zum Verarbeiten und Ausruhen braucht, kann es sich von der Welt abwenden.

Don’ts

Gehe in den ersten vier Wochen mit dem Baby möglichst nicht vor die Tür.

Gehe in den ersten drei Monaten möglichst nicht mit deinem Baby auf eine Party, in ein Café oder Ähnliches.

Schiebe dein Baby im Kinderwagen nicht mit Blick nach vorn. Das Baby wird so völlig reizüberflutet und hat keine Gelegenheit, diese Reize mit euch zusammen zu verarbeiten. Studien haben zudem ergeben, dass Eltern etwa zwei Drittel (!) weniger mit ihren Kindern sprechen, wenn diese im Kinderwagen nicht zu ihnen gerichtet sitzen!

Trage dein Baby im Tragetuch oder in der Tragehilfe nicht mit Blick nach vorn. Hier kann das Baby nicht mal den Kopf abwenden, wenn es genug von all den Eindrücken hat.

Vermeide ständige bzw. häufige Geräusche von Fernsehen, Radio etc. Meide Bildschirme wie Fernsehen, Computer, Smartphone etc.

Was du sonst bewirken könntest:

- Das Baby wird durch zu viele bzw. permanente Sinneseindrücke überfordert und gestresst. Das belastet die Ausreifung des vegetativen Nervensystems.
- Die Sinneseindrücke können zu wenig gemeinsam mit dir verarbeitet und verdaut werden, was erneut Stress und Überforderung verursacht.

Sinnesreize beim Kleinkind

Dos

Sorge möglichst dafür, dass es nicht zu viel »Programm« gibt. Der Tagesrhythmus sollte neben dem Mittagsschlaf auch andere Ruhezeiten bzw. Pausen beinhalten.

Achte auf ein gesundes Maß an Besuchen, Gegenbesuchen und Unternehmungen. Beobachte dein Kind: Wie ist seine Stimmung gegen Abend? Ist es ausgeglichen und gut in den Schlaf zu bringen? Oder ist es quengelig und unruhig? Versuche nach Möglichkeit, die Tagesgestaltung anzupassen bzw. die Sinnesreize weiter zu reduzieren.

Begrenze akustische Reize durch Radio, Fernsehen etc.

Achte zu Hause auch auf eine Reduktion der visuellen Reize: Verberge Spielzeug in Kisten, Kleidung im Schrank, Geschirr im Geschirrschrank. Achte auf freie Flächen auf dem Boden, an den Wänden, auf den Möbeln, am Kühlschrank. Befreie den Esstisch von Dingen, die nicht zum Essen gehören, das Bett vom Spielzeug etc. Und natürlich sollten auch Bildschirmmedien möglichst nicht im Beisein des Kindes eingeschaltet sein.

Wenn du mit deinem Kind unterwegs bist, achte darauf, dass ihr Blickkontakt haben könnt. Das Kind sollte im Kinderwagen immer zu dir gerichtet sitzen. Das gilt für die gesamte Zeit des Kinderschiebens, denn es gibt überhaupt keinen Grund, ein Kind mit nach vorn gerichtetem Blick hinzusetzen: Es verpasst nichts, was von Bedeutung wäre. Du bzw. der Kontakt mit dir, ist von grundlegender Bedeutung, wenn ihr unterwegs seid!

Meide Menschenmengen, starke Geräuschkulissen und Lärm, zum Beispiel an vielbefahrenen Straßen. Bevorzuge ruhige Wege und Plätze. Am besten hältst du dich mit deinem Kind viel in der Natur auf.

Sorge für eine kleine Auswahl an Spielzeug. Achte darauf, dass die Farben nicht zu grell und bunt sind. Wähle gut, was Geräusche von sich gibt. Nicht nur dein Kind wird das Tatütata eines Autos, das Muh einer Kuh oder das Klingeling von Kasse oder Telefon tagein tagaus hören müssen!

Was du damit bewirkst:

- Dein Kind hat Zeit und Gelegenheit, seine Körperwahrnehmung weiterzuentwickeln.
- Dein Kind hat genug Zeit und Gelegenheit, mit sich allein und mit euch gemeinsam alles zu verdauen und zu verarbeiten, was es wahrgenommen und erlebt hat.
- Insbesondere unterstützt du damit die gesunde Ausreifung des vegetativen Nervensystems und des Vitalsinnes, also Selbstregulation, Selbstfürsorge, Frustrationstoleranz und Prozessvertrauen.

Don’ts

Achte darauf, dass nicht ständig Familienmitglieder und Besuch ein- und ausgehen.

Vermeide zu viele Aktivitäten und zu wenige Pausen und Ruhe.

Stelle flimmernde Bildschirme und dudelnde Radios ab.

Vermeide offene Türen, offene Regale, Krimskrams überall.

Überbordendes, grellbuntes sowie ein stets sichtbares Angebot an Spielzeug ist nicht angebracht und überfordert.

Meide Menschenmengen, Geräuschkulissen, Lärm, zum Beispiel bei Feiern, in Cafés, an der Straße, im Einkaufszentrum.

Schiebe dein Kind im Kinderwagen nicht mit nach vorn gerichtetem Blick, wodurch ihr keinen Blickkontakt miteinander haben könnt.

Was du sonst bewirken könntest:

- Dein Kind wird überwach und nimmt dadurch noch mehr Reize als zuträglich auf. Vielleicht macht es weniger Pausen. Oder aber es macht mehr Pausen, es träumt besonders viel, scheint oft abwesend.
- Dein Kind könnte insbesondere zum Abend hin unruhig oder misslaunig werden und schwer ins Bett zu bekommen sein. Oder aber es schläft über ein gesundes Maß hinaus und ist auch am Tage nicht wirklich »wach« zu bekommen.
- Eventuell wird dein Kind auch mit dem Essen problematischer, vielleicht hat es weniger Ruhe zum Essen oder es fängt an, vieles abzulehnen. Möglicherweise isst es aber auch mehr, als es eigentlich Hunger hat, oder bekommt Heißhunger auf Süßes.
- Kurz gefasst: Das vegetative Nervensystem gerät möglicherweise in die eine oder andere Richtung aus der Balance.
- Damit einhergehend könnte das Kind Schwierigkeiten mit der Selbstregulation und Frustrationstoleranz bekommen und/oder vermehrt Ängste und Kontrollbedürfnisse entwickeln.

Muskeltonus und Bewegung beim Baby

Dos

Stelle dein Baby möglichst bald nach der Geburt bei einer Osteopath*in oder einer Chiropraktiker*in vor. Das solltest du auf jeden Fall tun, wenn das Baby in Steißlage, per Kaiserschnitt oder mit Hilfe von Saugglocke, Zange oder Kristeller-Handgriff auf die Welt gekommen ist.

Trage dein Baby viel, wenn du in Bewegung bist, beispielsweise im Tragetuch beim Spazierengehen.

Lege dein Baby immer wieder in Rückenlage auf eine Decke am Boden, damit es seine Hände und (dann unbedingt nackten!) Füße entdecken, seine Muskeln trainieren und die genetisch angelegten »standardisierten« Bewegungsabläufe üben kann.

Beobachte die Bewegungsmuster, die Reihenfolge und die Zeitpunkte dieser Muster. Orientiere dich an der Abbildung für die Bewegungsentwicklung (S. 31). Solltest du Abweichungen wie zum Beispiel verfrühte oder verspätete Entwicklungsschritte, übersprungene Entwicklungsschritte, vertauschte Reihenfolge der Schritte oder unkonventionelle Bewegungsmuster wie Po-Rutschen, Bärengang oder Auf-den-Knien-Gehen wahrnehmen, stelle dein Baby einer entsprechend qualifizierten Physiotherapeutin (z. B. Bobath) vor.

Einer Physiotherapeut*in, Osteopath*in oder Chiropraktiker*in solltest du dein Baby auch vorstellen, wenn es krumm auf dem Wickeltisch liegt, beim Stillen oder Schauen eine Lieblingsseite hat, eine asymmetrische Poritze in Bauchlage aufweist oder starken oder asymmetrischen Haarabrieb am Kopf oder eine Abflachung des Hinterkopfs zeigt.

Was du damit bewirkst:

- Du unterstützt die gesunde Bewegungsentwicklung und damit die Ausreifung der Muskeltonusregulation und die Integration frühkindlicher Reflexe. Im Zuge dessen entwickeln sich Bewegungs- und Gleichgewichtssinn.
- Damit ist die Grundlage für Geschicklichkeit, Koordination, Handlungsplanung, Nachahmung, Raumorientierung, Sprachverständnis und Sprechen, Aufmerksamkeit und Konzentration und Impulskontrolle gelegt.
- Mögliche Schwierigkeiten in der Ausreifung der Muskeltonusregulation und der Reflexintegration können frühzeitig erkannt und behandelt werden.

Don'ts

Orientiere dich nicht an Tabellen zur Bewegungsentwicklung, die bezüglich Bewegungsmustern, Zeitpunkten und der Reihenfolge individuelle Abweichungen bzw. eine große Varianz als »normal« bezeichnen. Mache dir bewusst: Gesunde Bewegungsentwicklung ist *nicht* individuell! Die Tabellen bilden außerdem ab, wie sich die Kinder heutzutage in Industrienationen motorisch entwickeln. Gesund ist das aber nicht in jedem Falle. Im Gegenteil: Schuleingangsuntersuchungen zeigen, dass Kinder heute immer weniger schulreif sind, insbesondere weil sie motorisch so große Rückstände haben.

Vertraue nicht auf die Aussage »Das wird schon noch werden!«, wenn sich dein Baby deutlich langsamer entwickelt. Höre nicht darauf, wenn jemand sagt, dass die »originellen« Bewegungsmuster deines Babys eine ganz normale Variante sind. Glaube auch nicht, es sei ein gutes Zeichen, wenn sich dein Baby deutlich schneller entwickelt und sich beispielsweise schon mit sechs Monaten an Regalen hochzieht. Muskeltonusprobleme und Reflexbelastungen – die sich unter anderem in Auffälligkeiten in der Bewegungsentwicklung offenbaren –, wachsen sich *nicht* von allein aus! Sollte eine Kinderärztin/ein Kinderarzt diese Aussage getroffen haben: Bedenke, dass sie/er im Normalfall nicht qualifiziert ist, die Motorik zu beurteilen. Stattdessen richten sich Kinderärzte nach oben erwähnten Tabellen, die lediglich die zunehmende (ungesunde) Varianz in der Bewegungsentwicklung dokumentieren.

Achte darauf, dein Kind nicht ständig mit dir herumzutragen, sondern gib ihm auch »Bodenzeit«.

Setze dein Baby nicht unnötig lang in eine Babyschale. In einer Babyschale ist der Körper des Babys völlig fixiert und quasi zur Bewegungslosigkeit verdammt.

Richte dein Baby im Tragetuch oder in der Tragehilfe nicht nach vorn hin aus. Babyrücken sind rund. Ist die Blickrichtung nach vorn gerichtet, sitzen bzw. hängen Babys hingegen im Hohlkreuz! Zudem hocken sie die Beine weniger an und spreizen die Hüften weniger weit, wodurch der Oberschenkelhals nicht mehr korrekt in der Gelenkpfanne der Hüfte positioniert wird.

Setze dein Baby nicht hin, wenn es das noch nicht allein kann. Es hat noch zu wenig Tonus in der Rücken- und Bauchmuskulatur, weswegen die Wirbelsäule zusammensackt. Das ist schädlich für die Wirbelsäule. Zudem nimmt dieses Hinsetzen dem Kind das großartige Erlebnis, selbst das Sitzen errungen zu haben.

Lasse dein Kind nicht an den Händen laufen und benutze keinerlei Laufiernhilfen. Um sich aufzurichten und zu laufen braucht es die Auseinandersetzung mit dem Zug der Schwerkraft, durch die Muskelspiel und Gleichgewicht trainiert werden. An den Händen eines Erwachsenen zu laufen, ist kein Laufen, sondern lediglich ein »Füßevoreinander-Stellen«.

Was du sonst bewirken könntest:

- Möglicherweise unterstützt du die Tendenz deines Babys zu einem hypotonen oder hypertonen Muskeltonus und das Persistieren (Fortbestehen) frühkindlicher Reflexe.
- Solltest du und andere Personen wie Hebamme, Kinderärztin, PEKiP-Gruppenleiterin, Osteopathin solche Schwächen in der

Tonusregulation und Reflexintegration nicht frühzeitig erkennen, wird das die Ausreifung von Bewegungs- und Gleichgewichtssinn mehr oder weniger beeinträchtigen – mit all den damit zusammenhängenden Entwicklungsbereichen wie Sprache, Nachahmung etc. (siehe auch »Bewegungssinn«, S. 29).

Kleiner Leitfaden für das Handling des Babys

Bei immer mehr Kindern ist die Muskeltonusregulation unzureichend ausgereift und die Reflexintegration entsprechend mangelhaft. Deshalb hier ein kleiner Leitfaden zur Prävention.

Grundsätzlich gilt:

Mache alles langsam, damit das Baby Zeit hat, zu verarbeiten, was mit ihm geschieht. Und hierfür braucht es noch viel Zeit! Sprich mit ihm und erkläre ihm, was du machst bzw. was als Nächstes kommt. Spiegle dabei seine Empfindungen und versuche, das Kind in einer möglichst ruhigen, aber wachen und aufmerksamen Stimmung zu halten.

Haltung des Babys

Für kleine Babys ist eine Beugung nach vorn förderlich, um die Reflexe zu begrenzen. Hierfür gibt es verschiedene Möglichkeiten bzw. Gelegenheiten: Lege dein Baby mit der Stillrolle in ein Nest/Päckchen, sodass die Schultern nach vorn und die Beine und Füße Richtung Bauch gedrückt werden. Während du sitzt, kannst du deine Füße auch auf eine Erhöhung stellen und dir das Baby in Rückenlage auf deinen angeschrägten Schoß legen. Ziehe das Baby an seinen Beinen so weit zu dir, dass sein Po an deinem Bauch liegt und sein Becken sich somit nach vorn beugt.

Bewegungsentwicklung

Nutze jede Gelegenheit, um Hände, Füße und Mund des Babys miteinander in Kontakt zu bringen. Dabei sollten beide Hände jeweils einen Fuß berühren bzw. später zu fassen bekommen. Sowohl das Überkreuz-Greifen als auch der Kontakt zwischen Händen und Mund und Füßen und Mund ist essenziell für die Bewegungs- und Hirnentwicklung. Am besten bewegt sich dein Kind mit nackten Füßen, so kann es alles noch besser wahrnehmen. Auch Fußmassagen sind für die Wahrnehmung sehr hilfreich.

Haltung beim Stillen

Achte beim Stillen und Füttern darauf, dass kein Arm des Kindes hinter deinem Rücken eingeklemmt bzw. abgeknickt wird. Beide Hände des Babys sollten sich vor Mama zusammenfinden und am besten noch einen Fuß berühren (siehe oben). Anders als oft behauptet, muss das Baby beim Stillen nicht parallel mit dem Gesicht zur Mutter liegen. Es kann halb in Seitenlage, halb auf dem Rücken liegend sein Gesicht zur Brust drehen und ist durchaus in der Lage, in dieser Position zu saugen und zu schlucken.

Das Baby hochheben

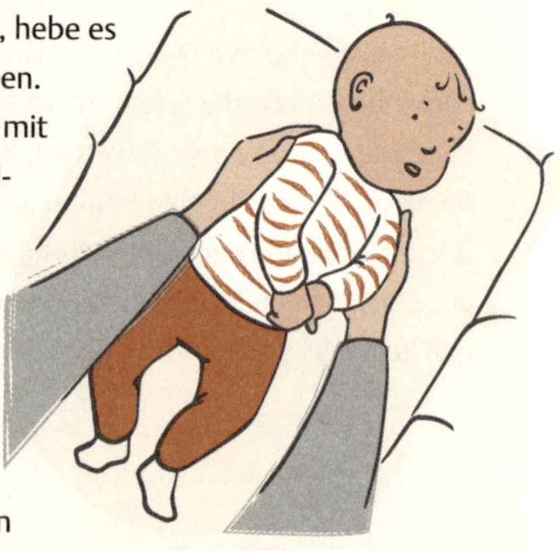

Wenn du dein Baby hochhebst, hebe es immer über eine Seite nach oben. Fasse dazu mit deinen Händen mit angelegtem Daumen (Muschelgriff!) von hinten unter die Schulterblätter, wölbe die Schultern des Babys dabei nach vorn und drehe das Baby dann auf die Seite. Du solltest deine Daumen nie vor den Achseln des Babys positionieren bzw. dort hineindrücken, da du damit Reflexe auslöst!

Bevor du dein Baby nun hochhebst, gehe mit deinem Körper ganz nah heran, damit es nicht durch die Luft schwebt, bis es bei dir ist. Du richtest dich quasi mit dem Baby an deine Brust gedrückt auf. Dabei hebst du zuerst seine untere Schulter an, dann das Becken. Achte darauf, immer wieder die Seiten zu wechseln, es mal über links, mal über rechts hochzuheben, damit dein Baby beide Seiten gleich oft erlebt.

Das Baby ablegen

Das Ablegen geht im Prinzip genauso, nur andersherum: Du beugst dich mit Baby an die Brust gedrückt nach unten, legst zuerst das seitliche Becken, dann die untere Schulter ab und drehst das Kind dann auf den Rücken. Achte auch hier darauf, dass du immer wieder die Seite bzw. Richtung wechselst.

Säubern und Wickeln

Wenn du dein Baby säuberst und wickelst, versuche auch das über seine Seite zu machen. Greife mit deiner rechten Hand den rechten Oberschenkel des auf dem Rücken liegenden Babys. Der Daumen deiner Hand zeigt dabei nach unten (Gabelgriff). Mit diesem Griff drehst du das Becken des Babys auf seine linke Seite und machst an seiner rechten Pobacke das, was zu tun ist: Windel ab, säubern, trocknen, Windel dran etc. Dann tust du das Gleiche auf der anderen Seite und wechselst so oft hin und her, bis alle Arbeitsschritte beidseitig vollzogen sind. Das Baby wird dabei mehrmals rotiert, was die Ausreifung des Muskeltonus unterstützt. Achtung: Wenn sich dein

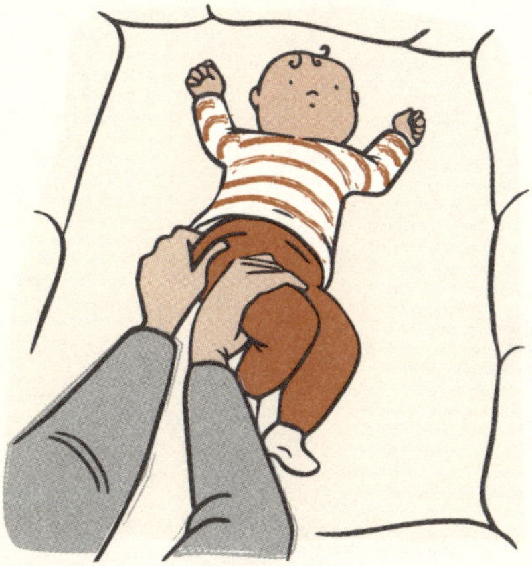

Baby hierbei nach hinten überstreckt, hole dir zunächst physiotherapeutische Hilfe, bevor du es »über die Seite« pflegst.

An- und Ausziehen

Auch an- und ausziehen solltest du dein Baby, indem du es jeweils im Schultergürtel (Muschelgriff unter den Schulterblättern) oder im Becken (Gabelgriff um den Oberschenkel) drehst.

Kleidungsstücke, die über den Kopf gezogen werden (Body, Mützchen etc.), sollten von hinten nach vorn an- und ausgezogen werden, um eine reflexhafte Überstreckung des Babys zu vermeiden. Zum Anziehen muss das Baby zunächst auf die Seite gedreht, das Kleidungsstück in Kopfposition positioniert und dann das Baby auf das Kleidungsstück gelegt werden. Das wiederholst du gegebenenfalls auf der anderen Seite. Nun kannst du das Mützchen oder den Body von hinten über den darauf liegenden Kopf ziehen.

Muskeltonus und Bewegung beim Kleinkind

Dos

Gehe mit deinem Kind möglichst viel zu Fuß. Gehen ist ein genetisch verankertes Bewegungsmuster zur jeweils akuten Muskeltonusregulation bzw. deren weiteren Ausreifung!

Gib deinem Kind viele Möglichkeiten zum Klettern, Herunterspringen, Schaukeln, Balancieren und Rutschen.

Halte dich mit deinem Kind viel in der Natur auf, insbesondere dort, wo es hoch- und runtergeht bzw. über Stock und Stein. Der Wald ist ein hervorragender Bewegungsspielplatz.

Suche naturnahe Spielplätze auf bzw. solche, die oben genannte Dinge ermöglichen.

Die Alltagsgegenstände, mit denen dein Kind umgeht, sollten möglichst schwer sein: Becher und Teller aus Steingut, Besteck aus Silber, Spielzeug aus Holz etc.

Lasse dein Kind alles tragen, was es sich zutraut: Die Milch beim Einkaufen, die schweren Meditationskissen zu Hause, das Feuerholz im Garten usw.

Was du damit bewirkst:

- Du unterstützt die weitere Ausreifung des Bewegungs- und Gleichgewichtssinns.
- Damit verbessern sich Geschicklichkeit, Koordination, Handlungsplanung, Nachahmung, Raumorientierung, Sprachverständnis und Sprechen, Aufmerksamkeit und Konzentration und Impulskontrolle bei deinem Kind immer weiter.
- Damit werden wesentliche Grundlagen für die spätere Schulreife und -fähigkeit, insbesondere auch für das Lesen, Schreiben und Rechnen, gelegt.

Don'ts

Vermeide es, dein Kind überallhin zu tragen, im Kinderwagen zu schieben oder es im Auto, auf dem Fahrrad oder im Fahrradanhänger zu transportieren.

Ebenso solltest du den Gebrauch eines Laufrads (Like-a-Bike) für die Bewältigung von Wegstrecken vermeiden. Fahrzeuge wie Laufrad, Bobbycar oder Dreirad sind Spielgeräte für den Hinterhof und keine Verkehrsmittel! Mit ihnen entwickeln die Kinder keine wesentlichen Fähigkeiten. Im Gegenteil: Sie müssen sich nicht wie beim Gehen mit der Schwerkraft auseinandersetzen, entwickeln nicht das entsprechende Muskelspiel und Gleichgewicht, sondern »paddeln« oder »pedalen« sich bequem durch die Welt.

Verbringe mit deinem Kind nicht zu viel Zeit in Innenräumen. Versäume nicht, regelmäßig – mindestens einmal am Tag – mit ihm rauszugehen.

Motorische Ungeschicklichkeit, Sprachstörungen, Schwierigkeiten mit der Nachahmung und Handlungsplanung sind Ausdruck einer Muskeltonus- und Reflexproblematik. Du solltest diese Anzeichen nicht übersehen bzw. verharmlosen. Warte nicht darauf, dass diese Dinge »sich auswachsen«, und versäume so möglicherweise nicht, zeitig Unterstützung für dein Kind zu holen.

Was du sonst bewirken könntest:

- Möglicherweise hat dein Kind keine Lust mehr zu laufen.
- Vielleicht bekommt es Stress, weil sein Bewegungsdrang zu wenig Raum bekommt.
- Sollte es unerkannte Probleme in der Muskeltonusregulation und Reflexintegration geben, wird sich dies entsprechend auf Bewegungs- und Gleichgewichtssinn und auf all die dazugehörigen Entwicklungsbereiche (siehe oben) auswirken.

Zwei Beispiele aus der Elternberatung

Max und Mattis sind bereits Schulkinder in der zweiten Klasse. Ihre Eltern haben sich an unser Institut gewandt, als es im Laufe der ersten Schuljahre zunehmend Schwierigkeiten gab.

Max

Max fällt in der Schule durch Unaufmerksamkeit, Ablenkbarkeit, hohe Impulsivität und motorische Unruhe auf. Ständig springt er auf und läuft durch die Klasse. Sieht er einen Vogel vor dem Fenster, hört er ein Kind hinter sich flüstern – sofort ist er nicht mehr bei der Lehrerin, die die Aufgabe erklärt. Seine Hefte sind voller Eselsohren und schludrig geführt. Seine Schrift ist krakelig und schlecht lesbar. Schreiben und Lesen strengen ihn unglaublich an, und auch das Rechnen fällt ihm schwer. Nur in Sport ist er gut: Er klettert bis unter die Decke und springt über jedes Hindernis. Alles macht er in einem Affenzahn. Allerdings hatte er auch schon ein paar Unfälle, denn er scheut offenbar keine Gefahr.

Bereits im Kindergarten gab es Dinge, die den Erzieher*innen aufgefallen sind: Er war ständig am Rennen, konnte nichts in Ruhe und langsam machen und überhaupt nicht stillsitzen. Sein Platz sah nach dem Essen furchtbar aus, ständig kippte er etwas um, rannte irgendwo gegen oder machte etwas kaputt. Er war furchtbar laut und machte alles zu doll. Er konnte nicht warten. Rannte immer schon los, ohne zu wissen, wohin und wozu.

Auch seine Eltern hatten bereits einige Beobachtungen gemacht: Sie fanden es ungewöhnlich, dass Max bereits mit sechs Monaten versuchte, sich am Bettgitter hochzuziehen. Gekrabbelt war er gar nicht. Stattdessen rutschte er eine Weile auf dem Po, um dann mit zehn Monaten bereits zu laufen. Die Eltern waren stolz auf ihren schnellen Sohn – ahnten nicht, dass dahinter Probleme stecken könnten. Aber auch ihnen blieben dann gewisse Ungeschicklichkeiten nicht verborgen. Der Kindergarten berichtete über Auffälligkeiten. Zudem hatte Max lange Schwierigkeiten mit der Artikulation – er lispelte und konnte auch lange kein »sch« sprechen. Der Orthopäde stellte zudem einen Senk-Spreizfuß fest. Und als der Zahnwechsel begann, wuchsen die bleibenden Zähne »wie Kraut und Rüben«. Dass alles das mit einer eigentlich schlaffen, aber kompensierten und damit hypertonen Muskelspannung zusammenhängt, wussten die Eltern selbstverständlich nicht. Die Erzieher*innen allerdings auch nicht und auch der Kinderarzt und die Logopädin nicht.

Nicht nur, dass Max heute Schwierigkeiten in der Schule hat. Er hat zudem sein Lebtag gehört: »Nicht so doll, das tut doch weh!«, »Kannst du nicht besser aufpassen!?«, »Hast du das nicht gesehen!?«, »Kannst du nicht einmal leise sein!?«, »Du bringst mich noch ins Grab!« und Ähnliches. Max fühlt sich über seine Ursprungsproblematik hinaus also ungenügend, falsch und schuldig.

Mattis

Mattis hat einen hypotonen Muskeltonus, also eine zu geringe Muskelspannung (die nicht kompensiert ist). In der Schule fällt er ebenso wie Max durch mangelnde Aufmerksamkeit und Konzentration auf. Allerdings ist er eher verträumt. Er sinkt auf seinem Stuhl zusammen – manchmal rutscht er sogar fast unter den Tisch –, stützt seinen Kopf auf seine Hand oder legt ihn auf seinem Arm ab. Alles macht er langsam, immer ist er der Letzte. Seine Stimme ist leise, man muss immer nachfragen. Aufgaben beginnt er, um sie gleich wieder aufzuhören. Seine Hefte sind schludrig geführt und voller Eselsohren. Seine Schrift ist krakelig. Lesen und Schreiben sind unglaublich anstrengend für ihn. Auch Rechnen fällt ihm schwer. Eigentlich ist er in keinem Fach gut. Nicht mal, so wie Max, in Sport. Im Gegenteil: Sport ist ein Alptraum für ihn!

Selbstverständlich war auch bei Mattis bereits im Kindergarten aufgefallen, dass er so langsam und verträumt ist, dass er wenig Impulse hatte bzw. schwer zu motivieren war. Auch seine Ungeschicklichkeit war offenbar: Sein Platz sah nach dem Essen aus wie der von Max.

Und auch die Eltern von Mattis hatten sich bereits an den Kinderarzt gewandt, weil Mattis erst mit 18 Monaten gelaufen ist, erst sehr spät gesprochen und dann lange gelispelt hat. Der Kinderarzt hat sie beruhigt und irgendwann Logopädie empfohlen. Auch Mattis hat einen Senk-Spreizfuß und wird demnächst eine Zahnspange tragen. Mit dem Muskeltonus hat das niemand in Verbindung gebracht.

Mattis hat wie Max nicht nur diese Schwierigkeiten. Er hat sein Lebtag gehört: »Müssen wir schon wieder auf dich warten!?«, »Alle anderen sind schon fertig!«, »Träumst du schon wieder!?«, »Kannst du nicht besser aufpassen!?«, »Beeil dich!«, »Mach zu!«, »Hopp, hopp!« und »Was soll nur aus dir werden!?« Auch Mattis fühlt sich also unzureichend, falsch und schuldig.

Beide Kinder – Max und Mattis – hätten davon profitiert, wenn ihre Muskeltonusproblematik frühzeitig erkannt und mit entsprechenden neurophysiologischen Programmen zur Nachreifung behandelt worden wäre.

Feinfühlige Interaktion mit dem Baby und Kleinkind

Dos

Verbringe in den ersten Jahren möglichst viel Zeit mit deinem Kind, in der es Raum und Gelegenheit für eine unendliche Menge an 1:1-Interaktionen gibt.

Grundsätzlich ist es wichtig, sich überhaupt für das Kind zu interessieren. Bei einem Baby mag das zunächst einfach sein. Kennen wir unser Kind schon länger, ist das aber durchaus nicht mehr so selbstverständlich. Versuche deshalb immer wieder neu, dich mit aufrichtigem Interesse deinem Kind zuzuwenden, genau zu beobachten, was es macht, und dich zu fragen, was es braucht und wie es sich fühlt.

Versuche, die Signale deines Kindes möglichst genau wahrzunehmen sowie in für das Kind angemessener Zeit und angemessenem Maße zu reagieren. Eine angemessene Zeit ist eine Zeit, in der das Kind nicht außerhalb seines Stresstoleranzbereichs gerät. Ein Baby »schreit sich also nicht aus«, ein kleines Kind bekommt nach Möglichkeit keinen »Verzweiflungs- oder Wutanfall«. Bei einem neugeborenen Baby reagiere prompt. Nach und nach – je nach Erregung des Kindes – kannst du dir auch etwas mehr Zeit lassen.

Sollte es passieren, dass dein Baby oder kleines Kind »außer sich« geraten ist oder aus unerfindlichen Gründen nicht zu weinen aufhört, dann stehe das mit ihm gemeinsam durch. Vermittle ihm, dass du an seiner Seite bist, dass du mit ihm fühlst und dass es irgendwann – du bist ganz sicher – besser wird.

Habe dein Baby ganz viel in deiner Nähe und achte darauf, dass ihr euch anschauen könnt. Die Möglichkeit, Blickkontakt herzustellen, ist auch für Kleinkinder wichtig, insbesondere, wenn sie vielen oder neuen Sinnesreizen und Erfahrungen ausgesetzt sind.

Fühle mit deinem Kind. Sprich mit deinem Kind. Benenne seine Bedürfnisse und Gefühle bzw. lass deine Stimme ausdrücken, wie es sich fühlt. Beschreibe bei einem Baby, was du tust und was jetzt kommt, z. B. beim Wickeln oder Umziehen. Verwende deine Stimme und deine Körpersprache, um das Kind zu beruhigen oder anzuregen.

Mache dir immer wieder bewusst, dass du die Mutter oder der Vater bist, dass du dein Kind am besten »kennst« bzw. dich am besten in dein Kind einfühlen kannst. Du darfst und solltest dich von Ansichten, Vorbildern oder Ratschlägen, die »gegen dein Gefühl gehen«, und auch von ungefragter Einmischung in deinen Umgang und Kontakt mit deinem Kind abgrenzen.

Wenn du merkst, dass du nicht feinfühlig sein kannst, dass du wütend oder unbeteiligt wirst, hole dir Unterstützung und Hilfe.

Was du damit bewirkst:

- Du gibst deinem Kind ein Gefühl von Sicherheit und Verlässlichkeit.
- Du ermöglichst ihm erste Erfahrungen von Selbstwirksamkeit.
- Dein Kind erlebt immer mehr körperliches Wohlgefühl.
- Dein Kind kann sich immer besser selbst regulieren bzw. beruhigen. Damit steigt seine Frustrationstoleranz. Dein Kind kann seine Bedürfnisse immer besser selbst wahrnehmen und zunehmend für deren Befriedigung sorgen.
- Dein Kind entwickelt eine sichere Bindung zu dir. Damit legst du einen Grundstein für die Autonomieentwicklung und Krisenfestigkeit (Resilienz) im Leben.
- Du erlebst deine Wirksamkeit und Kompetenz im Umgang mit deinem Kind bzw. in deiner Rolle und Verantwortung als Mutter oder Vater.

Don’ts

Zögere nicht, Hilfe zu holen, wenn du merkst, dass du emotional nicht oder nur eingeschränkt verfügbar bist, etwa bei Wochenbettdepressionen oder anderen psychischen Erkrankungen, unverarbeiteten Traumata oder hohem akutem Stress.

Dasselbe gilt bei mangelnder körperlicher Verfügbarkeit durch körperliche Krankheit, Abwesenheit, Zeitmangel: Zögere nicht, Hilfe und Unterstützung zu holen!

Wenn irgendwie möglich, vermeide einen frühzeitigen Krippenbesuch bzw. lange Tage in der Krippe.

Lasse dich nicht durch dein Smartphone von der Interaktion mit deinem Kind ablenken.

Schiebe dein Kind nicht vorwärtsgerichtet und ohne Blickkontakt im Kinderwagen, denn sonst könnt ihr nicht unablässig interagieren.

Unterlasse ein Schlaftraining, das nicht feinfühlig auf die Signale des Kindes eingeht bzw. nicht bindungsorientiert ist (siehe auch Dos and Don’ts zum Thema »Schlaf«, S. 85).

Übernimm nicht unreflektiert Konzepte und Annahmen von Kindern, beispielsweise das des »kleinen Tyrannen« oder des Kindes, das immer klein und unselbständig bleibt, wenn man alle seine Bedürfnisse befriedigt (siehe auch »Von Konzepten und Irrtümern«, S. 46).

Lasse keine ungefragte Einmischung der Verwandtschaft in den Umgang mit dem Kind zu, durch die/wegen deren du nicht mehr nach deinem eigenen Gefühl handeln magst.

Orientiere dich nicht unreflektiert an starken Vorbildern (Freundinnen, Nachbarinnen, Mütter, Schwiegermütter, Fachleute), die ebenfalls dein eigenes Gefühl irritieren.

Unterlasse weitere Kontaktversuche bzw. »Bespaßungsversuche«, wenn dein Kind den Kopf abwendet.

Was du sonst bewirken könntest:

- Dein Kind wird verunsichert, verwirrt, geängstigt und gestresst. Möglicherweise kommt es – ja nach Ausmaß und Häufigkeit des Stresses – zu einer chronifizierten Stressreaktion, die sich in Unruhe und »Überwachheit« oder aber in häufigem Unbeteiligtsein ausdrücken kann.
- Eventuell kommt es in der Babyzeit auch zu Regulationsstörungen (Schreien, Schlaf-/Fütter-/Gedeihstörungen) bzw. zu Schwierigkeiten mit Selbstregulation und Frustrationstoleranz in der Kleinkindzeit.
- Auch kann es sein, dass dein Kind eine unsichere Bindung (vermeidend oder unsicher-ambivalent) entwickelt.

Einschub: Krippe?

Ein Kind, das zu Hause eine emotional zugewandte, feinfühlige Bezugsperson hat und im Alltag regelmäßig Kontakt mit anderen Erwachsenen und Kindern hat – z. B. beim Kaffeebesuch, auf dem Spielplatz, in der Nachbarschaft, in der Spielgruppe –, braucht, bis es zwei bis drei Jahre alt ist, keine Krippe bzw. keinen Kindergarten. Noch deutlicher gesagt: Für das Kind ist die Krippe unter oben genannten Voraussetzungen grundsätzlich nicht optimal, sondern eine Notlösung.

Das liegt daran, dass es hier zu wenig 1:1-Interaktionen mit seinen Bezugspersonen erhält. Hierfür wäre ein Betreuungsschlüssel von zwei bis drei Kindern pro Erzieher*in notwendig, was in Krippen derzeit bei Weitem nicht gegeben ist.

Dennoch kann es gewichtige Gründe geben, das Kind mit einem Jahr – früher wäre definitiv zu vermeiden – in die Krippe zu geben. Eine mangelnde emotionale Verfügbarkeit der Bezugspersonen zu Hause (z. B. durch Krankheit, Stress, Unzufriedenheit) oder auch die Notwendigkeit eines zusätzlichen Haushaltseinkommens sind solche Gründe. Alternativ zur Krippe bietet sich vielleicht auch zunächst eine Tagesmutter oder ein Tagesvater an, sollte hier der Betreuungsschlüssel besser sein.

Folgende Kriterien sollten beachtet werden:

1. Feinfühligkeit und emotionale Wärme der Bezugserzieher*innen;
2. Bindungsorientierung der Einrichtung: Feste Bezugsperson (Erzieher oder Erzieherin), die auch das Kind mit »aussuchen« darf, feste Gruppen, behutsame Eingewöhnung ohne Trennung von den Eltern, bevor nicht die Bezugsperson in der Lage ist, das Kind innerhalb kurzer Zeit zu trösten;
3. möglichst guter Betreuungsschlüssel;
4. fachliche Qualifikation der Erzieher*innen oder Tageseltern;
5. dann im Weiteren auch zu beachten: die Pflege von Tages- und Wochenrhythmus, schön gestaltete Räume und in Maßen vorhandenes sowie qualitativ hochwertiges Spielzeug, Platz für und Anregung zu Bewegung, möglichst naturnah gestaltetes Außengelände.

Lob und Tadel

Dos

Interessiere dich für dein Kind und nimm es wahr: Was tut es und wie tut es das? Welche Bedürfnisse und Gefühle hat es?

Teile deinem Kind mit, was genau du wahrgenommen hast: »Du hast einen Turm gebaut!«, »Du hast ganz viel von der gelben Farbe genommen«, »Du hast mit der Schaufel ganz viel von dem feinen weißen Sand in das Förmchen gefüllt« oder auch: »Du hast die Schaufel genommen und Paul auf den Kopf gehauen«, »Lisa hat dich angestupst und dann hast du sie geschubst.«

Freue dich mit deinem Kind, statt es zu loben! Teile mit ihm seine Gefühle von Staunen, Überraschung, Glück oder Stolz.

Statt dein Kind zu loben, könntest du auch Ich-Botschaften formulieren, z. B.: »Ich mag ja Gelb so gerne, deshalb gefällt mir das Bild mit der Sonne ganz besonders gut!«

Fühle auch mit deinem Kind und benenne seine Bedürfnisse in Situationen, in denen du geneigt bist, es zu tadeln oder zu kritisieren: »Du wolltest allein an der Sandburg bauen und da bist du ganz ärgerlich geworden, als Paul mitmachen wollte.«

Sorge in Situationen, die schwierig sind bzw. starke negative Gefühle hervorrufen, dafür, dass es wieder gut wird. Bei einem Baby kannst du zum Beispiel sagen: »Oje, der Po ist ganz wund und tut weh, nicht wahr!?! Komm wir machen Creme darauf, dann wird es bald wieder besser!« Bei einem Kleinkind: »Oje, das tut Paul am Kopf sehr weh! Wollen wir mal zusammen ein Kühlpack für ihn holen!?« Mit größeren Kleinkindern kannst du auch gemeinsam Lösungen finden – vielleicht haben sie auch eine gute Idee. Wichtig ist immer: Letztlich liegt es in deiner Verantwortung, dass »es wieder gut wird«!

Was du damit bewirkst:

- Du kommst mit deinem Kind in Kontakt.
- Dein Kind fühlt sich nicht bewertet, sondern wertvoll und angenommen.
- Beides wirkt sich wiederum auf die gesunde Entwicklung von vegetativem Nervensystem, Vitalsinn, Stressregulation, Selbstwert und sicherer Bindung aus.
- Du hilfst deinem Kind, mit seinen eigenen Gefühlen in Kontakt zu kommen.
- Du hilfst deinem Kind, das, was vor sich geht bzw. passiert ist, mit seinen Gefühlen und Bedürfnissen zu verbinden.
- Alles das wiederum fördert die emotionale und soziale Intelligenz deines Kindes, einerseits immer besser für sich selbst sorgen zu können und sich andererseits immer besser in andere hineinfühlen zu können.
- Dein Kind verbindet sich mit einer intrinsischen Motivation mit seinem Tun, was es unabhängig(er) von einer Bewertung anderer macht.

Don'ts

Vermeide, Gefühle, Bedürfnisse oder Verhalten zu bewerten.

Vermeide, dein Kind mit Aussprüchen wie »Prima hast du das gemacht«, »Super, dass du deine Bonbons mit den anderen Kindern geteilt hast«, oder »Das hast du gemacht wie ein ganz Großer!« zu loben.

Vermeide, dein Kind zu tadeln bzw. ihm Vorwürfe wie z. B. »Das ist nicht in Ordnung!«, »Du weißt doch, dass du nicht hauen sollst!«, »Wie oft habe ich dir schon gesagt, dass du die Tür nicht offenstehen lassen sollst!?« zu machen.

Was du sonst bewirken könntest:

- Mit Lob: Dein Kind fühlt sich sicherlich zunächst bestätigt und aufgewertet und freut sich über das Lob. Zugleich ist die Freude sehr wahrscheinlich getrübt und zwiespältig: Wenn ich, mein Verhalten oder meine Leistung ein Lob, also eine Bewertung, bekommen, so hätte diese ja auch negativ ausfallen können. Das Kind fühlt sich also nicht bedingungslos angenommen. Zudem werden seine intrinsische Motivation und die Verbindung mit dem, was es tut, beeinträchtigt, indem es nun darauf aus ist, erneut eine positive Rückmeldung zu bekommen. Möglicherweise wird das Kind sogar abhängig von Lob und ist bei jeder Kleinigkeit darauf angewiesen, von außen eine Bestätigung zu bekommen. Das Kind verliert damit den Kontakt zu sich selbst. All das beeinträchtigt die Entwicklung von Selbstwert und Autonomie.
- Mit Tadel, Kritik, Schuldzuweisungen: Dein Kind fühlt sich unzulänglich und falsch. Es bekommt den Eindruck, an seinen Gefühlen und Bedürfnissen, also an ihm selbst, sei irgendetwas verkehrt. Ebenso kommt es zu der Überzeugung, dass mit ihm irgendetwas nicht stimmt, da es ja sein Verhalten entgegen den mit Sicherheit berechtigten Erwartungen der Eltern offenbar nicht ändern kann. Tadel hat also einen ganz direkten negativen Einfluss auf den Selbstwert des Kindes. Zudem macht er dem Kind Stress – mit allen seinen negativen Auswirkungen auf die Ausreifung des Vegetativums, des Vitalsinnes, der Selbstregulation und der Frustrationstoleranz.

Ein Beispiel aus der Elternberatung

Die Eltern von Emma, fünf Jahre alt, beklagen sich darüber, dass diese es schwer hat, sich allein zu beschäftigen. Ständig fordert sie Aufmerksamkeit und Bestätigung. Sobald sie ein Bild begonnen, ein paar Schleichtiere aufgebaut oder ihrer Puppe die Windel angezogen hat, kommt sie und sagt: »Schau mal, was ich gemacht habe!«, oder fragt: »Hab ich das nicht gut gemacht!?« Selbst alltägliche Kleinigkeiten, wie z. B. Vögel am Himmel zu entdecken, einen Sitzplatz im Bus zu bekommen oder die Hände gewaschen zu haben, resultieren in Feststellungen wie »Ich hab es als Erste gesehen!« oder »Ich habe es besonders gut gemacht!«.

Emma ist schnell frustriert, wenn etwas nicht wie gewünscht gelingt. Sie mag nicht verlieren, verträgt keine Kritik und versucht meist, sich in einem besseren Licht darzustellen, als es der Realität entspricht. So erzählt sie anderen, dass sie schon ihren Namen schreiben könne. Die Eltern wissen, dass das nicht stimmt.

Mit ihrer kleineren Schwester konkurriert sie sehr; ständig betont sie, dass diese im Gegensatz zu ihr noch nicht so viel kann, und sie gibt ihr das auch regelmäßig deutlich zu verstehen.

All das hat bei den Eltern zu dem Eindruck geführt, Emma habe ein geringes Selbstwertgefühl. Dabei – so wundern sie sich – würden sie Emma stets bestätigen und loben. Sie würden ihr sagen, wie toll sie alles mache, wie groß sie schon sei und was sie alles bereits könne. Wenn etwas nicht gelingt, würden sie ihr sagen, dass das ja gar nicht schlimm sei, bzw. würden betonen, was doch schon prima und gelungen sei. So habe Emma kürzlich ein Haus gemalt, das Bild dann zerknittert, weggeworfen und frustriert geschimpft, dass sie gar nicht malen könne und auch nie mehr malen werde! Daraufhin habe ihre Mutter zu ihr gesagt: »Aber Emma, das Haus ist doch wunderschön! Du kannst doch so prima malen!«

Ich bestätige den Eltern, dass es mit Emmas Selbstwertgefühl sicherlich nicht zum Besten steht. Emma bringt eine gewisse Einseitigkeit im vegetativen Nervensystem bzw. einen nicht ganz altersgemäß ausgereiften Vitalsinn mit sich. Das ist definitiv ein entscheidender Faktor für ein mangelndes – positives – Gefühl für sich selbst bzw. für hohe Ansprüche an sich selbst verbunden mit einem entsprechenden Erleben eigenen Versagens.

Allerdings haben die Eltern diese Disposition verstärkt, indem sie Emma immer abhängiger von ihrem Feedback bzw. ihrer Bewertung gemacht haben. Zudem haben sie sie mit dem ausgiebigen Loben immer weiter von ihrem inneren Antrieb und ihrer emotionalen Verbindung mit ihren Tätigkeiten und deren Ergebnissen entfremdet.

Die Eltern sind sehr überrascht und fragen mich, was sie denn stattdessen nun tun sollen. Ich rate ihnen zunächst, auszuprobieren, Emmas Gefühle mitzufühlen und zu spiegeln bzw. in diesem Zusammenhang auch ihre Bedürfnisse zu benennen. So könnten sie bei einem aus Emmas Sicht gelungenen Bild mit entsprechend freudigem Ausdruck äußern: »Na, da freust du dich, dass es so geworden ist, wie du es dir gewünscht hast!«

Bei einem aus Emmas Sicht missratenen Bild könnten sie sagen: »Ach je, du bist ganz enttäuscht! Du hast dir das Haus ganz anders vorgestellt!« Emma wird – je häufiger sie auf diese Art und Weise gespiegelt wird – merken, dass es vor allem auf ihre Gefühle ankommt und viel weniger auf die Ergebnisse ihres Tuns. Sie wird sich nicht mehr allein mit ihren Gefühlen fühlen, sondern in Kontakt mit ihren Eltern. Sie wird sich auch angenommen fühlen – so wie sie ist. Darüber hinaus wird sie mehr und mehr in sich hineinhorchen und mehr in Kontakt mit ihren eigenen Gefühlen kommen.

Ich erläutere den Eltern, dass die Beziehung zu sich selbst, zu den eigenen Bedürfnissen und Gefühlen sowie deren Beachtung und Wertschätzung – egal, wie sie auch sei – die Grundlage für Selbstwertempfinden ist. Die Eltern können das nachvollziehen und möchten die Anregungen in den nächsten Wochen erproben. Nach drei Monaten haben wir einen weiteren Termin. Die Eltern berichten, dass Emma nach anfänglicher Irritation deutlich positiv auf die Spiegelung seitens ihrer Eltern reagiert habe. Zudem fordere sie weniger häufig Aufmerksamkeit und Anerkennung ein bzw. sei deutlich toleranter gegenüber der kleinen Schwester.

Regeln einführen

Dos

Wenn ein Kind das Essen, das es nicht mag, auf den Boden wirft und du möchtest, dass die Regel gilt: »Das, was du nicht magst, kommt an den Tellerrand!«, dann ist es zunächst wichtig, dass du selbst die Bröckchen, die du nicht essen magst, bei dir an den Tellerrand legst. Das bedeutet, du musst stets ein gutes Vorbild sein. Zudem – das ist bei kleinen Kindern nun mal so – musst du das zu Boden geworfene Essen deines Kindes aufheben und bei ihm auf den Tellerrand legen. Du bist also verantwortlich dafür, dass die Regeln eingehalten bzw. immer wiederhergestellt werden.

Überlege gut, welche Regeln von dir durchgesetzt werden können! Es sollte generell nur wenige, wirklich wichtige Regeln geben, die konsequent (von den Erwachsenen) umgesetzt werden.

Regeln sollten kurz und knapp formuliert sein. Beispiel: »Schuhe werden an der Haustür ausgezogen!«

Regeln sollten immer positiv formuliert sein, also dem Kind sagen, was es machen soll und nicht, was es *nicht* machen soll. Beispiel: »Du steigst immer auf der Gehwegseite aus!«

Sollte sich dein Kind nicht an eine Regel halten, dann überprüfe deine Regeln im obigen Sinne und auch deine Erwartungen an das Kind in Bezug auf sein Alter bzw. seine Reife. Sollte die Regeln in Ordnung und das Kind alt genug sein, dann stelle die Frage, was dein Kind möglicherweise von dir braucht, um die Regel einhalten zu können.

Was du damit bewirkst:

- Dein Kind verinnerlicht die Regeln und wird sie, sobald es die entsprechende Reife hat, von allein nachahmen bzw. befolgen.
- Dein Kind empfindet die Regeln als echte Grenzen, die ihm Sicherheit, Halt und Orientierung geben.
- Das Kind bleibt sicher und entspannt in seiner Rolle als Kind: Es ist nicht für die Regeln und ihre Einhaltung verantwortlich.

Don'ts

Vermeide Regeln, die von vornherein nicht durchsetzbar sind und damit ihre Gültigkeit verlieren. Beispiel: »Es wird nicht geschrien!«

Vermeide ein Zuviel an Regeln, wodurch die einzelnen Regeln nicht mehr konsequent umgesetzt bzw. nicht immer wieder hergestellt werden können und sie dadurch ebenso ihre Glaubwürdigkeit und Gültigkeit verlieren.

Vermeide Regeln, die zu lang, zu umständlich und mit zu vielen Variablen versehen sind, sodass das Kind sie nicht verstehen kann. Beispiel: »Wenn Papa sonntags zu Hause und die Schlafzimmertür zu ist und wenn Mama nicht gesagt hat, dass du reinkommen kannst, dann lässt du die Tür zu und störst Mama nicht beim Schlafen!«

Formuliere keine Regel so, dass sie besagt, was das Kind *nicht* tun soll. Damit entsteht im Kopf des Kindes ein Bild, wie es das, was es *nicht* tun soll, macht. Beispiel: »Lauf nicht auf die Straße!«

Gehe deiner Verantwortung nicht aus dem Weg, indem du keine Regeln aufstellst und für ihre Einhaltung bzw. im Falle eines »Regelbruchs« für ihre Wiederherstellung sorgst.

Mache dem Kind keinen Vorwurf, wenn es sich nicht an die Regel hält oder gehalten hat.

Was du sonst bewirken könntest:

- Dein Kind fühlt sich möglicherweise unsicher, desorientiert und überfordert.
- Es fühlt sich weniger sicher und entspannt in seiner Rolle als Kind, stattdessen fühlt es sich zumindest mitverantwortlich für die Einhaltung der Regeln und im Falle von Regelbrüchen falsch und schuldig.

Sprechen mit dem Baby

Dos

Rede viel mit deinem Baby. Vor allem, wenn es aufmerksam ist und dich anschaut. Beschreibe, was du tust und was gleich passiert, kleide seine Empfindungen und Gefühle in Worte und spiegle sie mit deiner Stimme. Beruhige oder aktiviere es mit deiner Stimme. Drücke deine Gefühle mit deiner Stimme aus.

Sollte sich dein Baby abwenden, nimm das immer ernst: Es braucht eine Pause.

Da Babys noch viel Zeit für die Reizverarbeitung brauchen, sprich langsam. Auch bevorzugen Babys eher hohe und melodiöse Stimmen, da sie diese besser wahrnehmen und verarbeiten können. Die sogenannte »Ammensprache« hat also durchaus ihre Berechtigung!

Seid ihr ein mehrsprachiges Paar, solltet ihr in eurer jeweiligen Muttersprache mit dem Baby sprechen. Mit einer sekundär erworbenen Sprache können wir nicht in demselben Ausmaß und derselben Differenziertheit emotional kommunizieren wie in der Sprache, die unsere Mutter und unser Vater mit uns als Kind verwendet haben. Auch wenn die Umgebung eine andere Sprache spricht, solltet ihr euch nicht beirren lassen: Kinder lernen die Sprache im Kindergarten meist ganz schnell.

Achte darauf, dass dein Baby gut hören kann.

Solltest du dein Baby mit deiner Stimme nicht gut erreichen, probiere verschiedene Lautstärken, Tempi und Tonhöhen, versuche zusätzlich, mit Gestik oder Berührungen seine Aufmerksamkeit zu erhalten und mit ihm in Kontakt zu kommen.

Fahre mit deinem Kind – im Kinderwagen stets zu dir gewandt – durch die Welt, damit ihr euch über alles austauschen könnt, was euch begegnet.

Was du damit bewirkst:

- Du kommst in einen feinfühligen emotionalen Kontakt und Austausch mit deinem Baby, in dem es sich sicher und geborgen fühlt, in dem sich sein Vegetativum immer wieder ausgleichen kann und der die Entwicklung einer sicheren Bindung unterstützt.
- Du legst den Grundstein für eine gesunde Sprach- und Denkentwicklung deines Babys.
- Du beugst Hindernissen für diese Entwicklungen vor.

Don'ts

Rede nicht weiter, wenn sich dein Baby abwendet.

Vermeide ein für dein Baby zu lautes oder zu leises, zu schnelles oder zu langsames, zu hohes oder tiefes oder auch zu monotones Reden.

Unterlasse gekünstelte, aufgesetzte Sprache, wie z. B. übertrieben hohe und melodiöse Ammensprache.

Sprich nicht in einer anderen Sprache als deiner Muttersprache mit deinem Baby.

Zögere eine Kontrolle des Hörvermögens nicht hinaus, insbesondere wenn dein Baby nicht lallt.

Schiebe dein Baby im Kinderwagen niemals mit Blickrichtung nach vorn.

Was du sonst bewirken könntest:

- Das Baby fühlt sich in seinen Gefühlen irritiert und mit ihnen alleingelassen. Das bereitet ihm potenziell Stress.
- Die Sprachentwicklung wird sich möglicherweise im Weiteren verzögern.

Sprechen mit dem Kleinkind

Dos

Rede mit deinem Kind, vor allem, wenn es aufmerksam ist und dich anschaut. Beschreibe, was du wahrnimmst, benenne seine Bedürfnisse und Gefühle und drücke mit deiner Stimme dein Mitgefühl aus.

Gib dem Kind immer wieder Zeit und Raum, sich zu äußern oder auch zu schweigen. Schweigend etwas gemeinsam zu erleben oder beieinander zu sein, ist auch schön.

Sollte sich das Kind abwenden oder sich die Ohren zuhalten, nimm auch das ernst: Es braucht eine Pause bzw. kann gerade keine weiteren Dinge aufnehmen und verarbeiten. Es braucht Zeit für sich.

Drücke dich bei Aufforderungen in kurzen, knappen Sätzen aus: »Ella, Löffel nehmen, essen!« – freundlich, aber bestimmt – reicht vollkommen aus.

Beantworte Fragen bzw. erkläre deinem Kind die Dinge anschaulich und konkret, indem du in seiner Wahrnehmungswelt bleibst. Beispiel: »Die Zähne werden geputzt, damit sie schön weiß bleiben!« Das kann das Kind sehen. Oder »Die Zähne werden geputzt, damit sie schön glatt bleiben« – das kann das Kind mit seiner Zunge fühlen. (Dies gilt in etwa, bis Kinder sieben Jahre alt sind!)

Achte darauf, ob dein Kind gut hören kann. Gerade Mittelohrentzündungen finden häufig versteckt statt, da das Kind zwar fiebert und weint, aber seine Schmerzen nicht lokalisieren kann. Folgen können Paukenergüsse sein, die – unerkannt – dazu führen, dass das Kind schlecht hört und möglicherweise Entwicklungsfenster für die Sprache verpasst.

Solltest du dein Kind mit deiner Stimme nicht gut erreichen, probiere verschiedene Lautstärken, Tempi und Tonhöhen. Versuche, zusätzlich mit Gestik oder Berührungen seine Aufmerksamkeit zu erhalten und mit ihm in Kontakt zu kommen.

Fahre mit deinem Kind im Kinderwagen, stets mit Blickrichtung zu dir, durch die Welt, damit ihr euch über alles austauschen könnt, was euch begegnet.

Was du damit bewirkst:

- Du bleibst in einem feinfühligen emotionalen Kontakt und Austausch mit deinem Kind, was ihm Sicherheit und Geborgenheit vermittelt, eure Bindung festigt und einen positiven Einfluss auf die Ausreifung des Vegetativums hat.
- Du förderst die Sprach- und Denkentwicklung deines Kindes.
- Du beugst Hindernissen für die Sprach- und Denkentwicklung vor.
- Du gibst dem Kind das Gefühl, dass die Welt verstehbar ist.

Don'ts

Rede nicht ununterbrochen auf dein Kind ein. Sollte dein Kind dir zu wenig Aufmerksamkeit schenken: Mehr vom Selben (in diesem Falle also mehr reden) hilft nicht! Rede vor allem dann nicht weiter, wenn sich dein Kind abwendet, es sich die Ohren zuhält oder Ähnliches tut, um zu signalisieren, dass es genug hat.

Vermeide nicht auf dein Kind feinfühlig abgestimmtes zu lautes oder leises, zu schnelles oder langsames, zu hohes oder tiefes, oder aber zu monotones Reden.

Unterlasse gekünstelte, aufgesetzte Sprache, also beispielsweise reden, wie es geschrieben wird (z. B. »laufen« statt »lauf'n«, »sprechen« statt »sprech'n« …).

Vermeide Aufforderungen, die in Bandwurmsätzen versteckt, aufwendig erläutert und erklärt oder aber freundlichst in Fragen oder Bitten gehüllt werden. Beispiel: »Mein Schatz, magst du mir bitte jetzt helfen, die Kiste mit den Autos aufzuräumen, dann können wir gleich losgehen, wenn wir fertig gegessen haben?«

Vermeide abstrakte Erklärungen, die das Kind nicht mit seiner eigenen Wahrnehmungswelt verbinden kann. Beispiel: »Die Zähne werden geputzt, damit sich keine Bakterien bilden, die da dann Löcher hinein machen!«

Zögere einen Besuch beim Ohrenarzt (Kontrolle des Trommelfells) nicht hinaus, insbesondere wenn das Kind häufige Infekte oder nicht verortbare Schmerzen hat oder sogar bereits eine Sprachverzögerung vorliegt.

Schiebe dein Kind im Kinderwagen nicht mit Blickrichtung nach vorn.

Was du sonst bewirken könntest:

- Dein Kind erlebt sich im Kontakt mit dir nicht sicher und geborgen. Stattdessen wird es immer wieder in seinen Gefühlen irritiert und mit ihnen alleingelassen. Das macht Stress und belastet damit das vegetative Nervensystem. Zudem festigt sich eure Bindungsbeziehung möglicherweise weniger gut.
- Das Kind erlebt die Welt durch die abstrakten Erklärungen und langen Sätze immer wieder als nicht verstehbar. Das macht Angst.
- Die Sprach- und Denkentwicklung deines Kindes wird weniger unterstützt, eventuell sogar verzögert.

Spielen mit dem Baby

Dos

Interessiere dich für das, wofür sich das Baby interessiert und was es macht: Wohin schaut es? Wonach greift es? Was steckt es sich in den Mund?

Richte deine Aufmerksamkeit auf das, worauf das Baby aufmerksam ist. Wenn es dich anschaut, dann mache mit ihm mit, was es macht. Teile seine Empfindungen und Gefühle. Teilt vor allem gemeinsame Freude. Aber auch das Staunen über all das, was es zu entdecken gibt, oder andere Gefühle, die entstehen. Je älter das Baby ist, desto mehr kannst du in einen Dialog mit ihm gehen, indem du nicht nur mitmachst, nachahmst und teilst, sondern auch eigene Impulse und Ideen einbringst.

Respektiere, wenn dein Baby gerade nicht aufnahmebereit ist, kein Explorationbedürfnis hat oder sich allein mit etwas beschäftigen möchte.

Was du damit bewirkst:

- Dein Baby fühlt sich angenommen und in seinen Bedürfnissen und Gefühlen bestätigt.
- Dein Baby fühlt sich dadurch sicher und geborgen im Kontakt mit dir. Dadurch förderst du die Entwicklung einer sicheren Bindung und eine gesunde Ausreifung des vegetativen Nervensystems.
- Die Gefühlswelt deines Babys wird immer differenzierter.
- Dein Baby kann seine Erfahrungen im Kontakt mit dir sinnvoll verarbeiten.

Don’ts

Versuche, dein Baby im Normalfalle nicht für dich selbst oder für Gegenstände zu interessieren, wenn es von sich aus kein Interesse daran zeigt. (Das macht man nur mit Babys, die zu wenig Interesse an ihrer Umwelt zeigen!)

»Bespaße« dein Baby nicht, wenn es sich abwendet oder andere Signale der Unlust zeigt.

Ziele nicht immer nur auf »Spaß« mit dem Baby bzw. darauf, dass es lacht, denn dadurch werden Empfindungen und Gefühle wie z. B. Genuss, Staunen oder Spannung übergangen. Auch diese Emotionen dürfen und sollen ihren Raum haben.

Was du sonst bewirken könntest:

- Das Baby fühlt sich nicht umfänglich angenommen, sondern wird in seinen Bedürfnissen und Gefühlen immer wieder irritiert.
- Bindung und Vegetativum entwickeln sich infolgedessen weniger gut.
- Die Gefühlswelt deines Babys kann sich weniger differenziert entwickeln.
- Erfahrungen des Babys werden möglicherweise weniger gut verarbeitet, weil der emotionale Austausch mit dir nicht fein genug abgestimmt ist.

Spielen mit dem Kleinkind

Dos

Interessiere dich für das, wofür sich dein Kind interessiert, dafür, was es macht und wie es das macht.

Achte auf seine Signale, ob es mit dir zusammen spielen möchte.

Mache mit ihm gemeinsam, was es macht. Teile seine Gefühle. Teilt vor allem gemeinsame Freude. Aber auch alle anderen Dinge, die sich im Spiel ergeben: Überraschung, Staunen, Stolz, Hoffen, Bangen, Erleichterung …

Bringe auch eigene Ideen und Impulse ein. Überrasche dein Kind immer wieder. Mache Fehler oder Quatsch, wenn dein Kind Freude daran hat. Versuche, beim Spielen möglichst oft in einen »Dialog« zu kommen, in dem jeder an die Ideen oder Beiträge des anderen anknüpft bzw. darauf aufbaut. Achte darauf, dass du es nicht übertreibst und dein Kind missmutig und frustriert wird: Die gemeinsame Freude beim Spielen ist das Allerwichtigste!

Störe dein Kind möglichst nicht bei Spielen oder bei Tätigkeiten, in die es tief versunken ist.

Was du damit bewirkst:

- Dein Kind fühlt sich angenommen und du stärkst eure Bindung.
- Du regst die emotionale Entwicklung bzw. Ausdifferenzierung der Gefühlswelt deines Kindes an.
- Du förderst die Kompetenzen deines Kindes, später mit anderen Kindern zu interagieren und zu spielen.

Don'ts

Störe dein Kind nicht beim Allein-Spielen, wenn es nicht unbedingt nötig ist.

Dränge dich nicht in ein Spiel hinein, wenn das Kind kein Bedürfnis nach gemeinsamem Spiel zeigt.

Versuche nicht, dein Kind für etwas zu interessieren, wenn es sich gerade für etwas anderes interessiert.

Fixiere dich nicht auf »Spaß« beim Spielen – Spielen ist viel mehr als das!

Riskiere nicht die gemeinsame Freude am Spiel, indem du dein Kind mit zu vielen oder zu starken eigenen Ideen und Impulsen frustrierst. Folge andererseits nicht nur den Vorgaben und Vorstellungen deines Kindes, weil es sich sonst überhaupt nicht mit Impulsen und Ideen von dir auseinandersetzen muss.

Was du sonst bewirken könntest:

- Dein Kind fühlt sich nicht angenommen und in seinen Gefühlen und Bedürfnissen irritiert.
- Es kann möglicherweise zunehmend weniger gut allein spielen und verlangt immer mehr nach »Bespaßung« von außen.
- Oder aber es mag vielleicht gar nicht mehr mit dir gemeinsam spielen.
- Die Ausdifferenzierung der Gefühlswelt deines Kindes und die Ausbildung seiner Kompetenzen im Umgang mit anderen Kindern wird weniger angeregt.

Ein Beispiel aus der Kindertherapie

Paul ist fünf Jahre alt. Seine Eltern hatten sich an mich gewandt, weil er, seit er ein Kleinkind war, mindestens einmal täglich furchtbare Wutanfälle hat. Er möchte nicht tun, was seine Eltern von ihm möchten, sondern nur das, was er möchte. Übergänge, Veränderungen und Überraschungen mag Paul überhaupt nicht. Und wehe, etwas ist nicht so, wie er es sich vorgestellt hat.

Da der Vater tagsüber arbeitet, ist die Mutter überwiegend mit ihm allein. Paul wurde ihr gegenüber zunehmend aggressiv: Früher hat er nur gebrüllt und sich auf den Boden gesetzt, heute haut und tritt er seine Mutter oder wirft gezielt Gegenstände nach ihr. Außerdem sagt er »Kackmama« und »Arsch« zu ihr. Die Mutter kann sich innerlich und äußerlich immer schlechter gegen die Attacken behaupten. Sie hat das Gefühl, als Mutter völlig versagt zu haben. Hinzu kommt, dass Paul abends nicht ins Bett zu bekommen ist. Er schläft oft erst zwischen 21:00 und 22:00 Uhr ein, ist aber am Morgen bereits gegen 7:00 Uhr wach. Die Mutter fühlt sich zusätzlich also auch vollkommen ausgelaugt und erschöpft. Am Abend und am Wochenende kommt es dann zu Konflikten zwischen den Eltern. Der Vater versteht nicht, wieso die Mutter mit Paul nicht klarkommt, die Mutter erlebt den Vater nicht als Unterstützung.

In einer ersten Sitzung stelle ich zunächst fest, dass Paul eine Einseitigkeit im vegetativen Nervensystem und eine Schwäche im Vitalsinn hat. Er hat oben erwähnte Schlafprobleme, ist zudem kein guter Esser, trinkt nur auf Aufforderung und macht keine Pausen. Überhaupt hat er kein gutes Gefühl dafür, was er braucht. Er ist sehr reizoffen, merkt sich alles, vergisst nichts. Er dürstet nach Wissen, das dann zusammen mit vielen Gedanken in seinem Kopf kreist. Er hat ständig Pläne und alles muss genauso laufen, wie diese Pläne es besagen. Loslassen kann er nicht gut. Sein Selbstwertgefühl ist sehr schlecht. Er meidet alles, von dem er nicht sicher ist, dass er es (perfekt) kann. Zu vielem sagt er: »Das ist blöd« oder das ist »Babykram!«, um es dann zu meiden.

Ich gab den Eltern Empfehlungen für verschiedene Maßnahmen zu Hause, die die Körperwahrnehmung, insbesondere den Vitalsinn, stärken sollen. Im Zuge dessen erarbeiteten wir anhand konkreter Situationen auch Schritte zu einer förderlichen Interaktion mit Paul: Die Eltern sollten mit Interesse beobachten, Interesse zeigen, an Pauls Interessen anknüpfen und mitmachen, was er macht, sie sollten beschreiben, was sie wahrnehmen, sie sollten die Bedürfnisse benennen, die Gefühle spiegeln, und sie sollten in schwierigen bzw. konflikthaften Situationen gemeinsam mit ihm Lösungen finden.

Bei einem weiteren Termin stellte sich heraus, dass sich die Interaktionen nicht wirklich verbessert hatte. Die Mutter ist stets in der Defensive und bittet Paul mit vielen freundlichen Worten, doch bitte mit seinen aggressiven Verhaltensweisen aufzuhören. Das Ergebnis ist immer dasselbe: Erstens hört Paul nicht auf. Zweitens wird er immer aggressiver. Die Mutter ist ratlos.

Wir vereinbarten Termine für eine Interaktions-Spiel-Therapie, innerhalb deren ich die Interaktionen zwischen Paul und seiner Mutter beobachten wollte, und die Mutter förderlichere Formen der Interaktion mit ihm erlernen sollte.

In den ersten drei Sitzungen spielte Paul »Fischen aus der Hängematte« – ein Spiel, das ihm aus dem vorangegangenen Diagnostiktermin bei mir schon bekannt war. Im vierten Termin nahm dieses Spiel nur noch zu Beginn Raum ein. Paul entdeckte dann einen Ball und begann, mit seiner Mutter den Ball hin und her zu werfen. Das ging zwei- bis dreimal gut, bis seine Mutter einen »Fehler« machte: Sie hatte den Ball zu doll oder zu wenig doll geworfen, ihn beim Werfen falsch angefasst, ihn beim Auffangen falsch angefasst … Paul wurde immer frustrierter und ärgerlicher, während seine Mutter verzweifelt versuchte, alles richtig zu machen – was natürlich nicht gelang. Schließlich fing Paul an, ihr den Ball gezielt an den Kopf zu werfen. Sie sagte ihm dann, dass ihr das wehtue, dass sie das nicht möge und dass er das bitte lassen solle. Diese Situationen ereigneten sich mehrfach in dieser und der darauffolgenden Stunde. Es endete stets damit, dass Paul furchtbar wütend war und seine Mama völlig hilflos.

In der sechsten Stunde hatte Paul eine Idee. Er nahm die Riesenbausteine und rief: »Ich baue eine Pupstoilette!« Sofort kam von seiner Mutter eine ablehnende Reaktion: »Ach Paul, bitte nicht!«

An dieser Stelle intervenierte ich und rief ebenso begeistert wie Paul: »Oja, eine Pupstoilette! Wie sieht die denn aus?« Ich half Paul, seine

»Pupstoilette« zu bauen, und lud seine Mama ein, hier und da auch einen Baustein zu reichen. Paul und ich hatten gemeinsam viel Freude und Spaß, und auch Mama ließ sich nach und nach auf den Spaß ein. Die Stunde endete damit, dass Paul glücklich auf seiner Pupstoilette saß.

Warum war die sechste Stunde so »erfolgreich«? Paul hatte sich mit seiner Idee wahr- und angenommen gefühlt, wir haben uns dafür interessiert, wir haben mitgemacht. Wir hatten beim Bauen viele Gefühle miteinander geteilt, vor allem gemeinsam Freude erlebt. Es war der Beginn einer Entspannung, vor allem zwischen Paul und seiner Mutter.

Wir verbrachten im Folgenden viele Stunden mit der »Pupstoilette« sowie mit verschiedenfarbigen Bällen, die für Paul Pupse darstellten und mit denen wir uns gegenseitig bewarfen. Wir haben uns herrlich miteinander aufgeregt, gefürchtet, geekelt und gefreut.

Pauls Attacken gegen seine Mutter ließen sowohl innerhalb der Stunden bei mir im Institut als auch zu Hause nach: Sie hatte den entscheidenden Schritt zu einer förderlichen Interaktion getan, indem sie sich ganz auf ihn und seine Interessen eingelassen und begonnen hatte, seine Gefühle zu teilen. Nun konnte sie kleine Schritte gehen, eigene Impulse und Ideen einzubringen: So brachte sie einmal einen neuen Ball ins Spiel, der ein nach Parfum riechender Pups war. Paul war zunächst überrascht, griff dann aber die Idee auf, indem er rief: »Oh ja, bitte bewirf mich mit diesem Pups!« Nun wurde das schon oft gespielte Spiel wieder interessanter: Vielen Pupsen musste man ausweichen, dem einen hingegen versuchten wir uns entgegenzuwerfen.

Paul und seine Mutter kamen insgesamt für 20 Stunden zu mir und es entwickelten sich noch verschiedene weitere Spiele bzw. Interaktionen. Das Wesentliche war jedoch, dass die Mutter das Gelernte auch zu Hause umsetzen konnte. Damit verbesserte sich ihr Kontakt und ihre Beziehung zu Paul, wodurch seine Aggressionen nachließen.

Alltagstätigkeiten mit dem Baby und Kleinkind

Dos

Wenn dein Baby wach ist, dann habe es viel bei deinen sinnvollen, lebensnahen Tätigkeiten dabei, die in Haushalt und Garten anstehen: Wischen, Geschirr spülen, Wäsche aufhängen, Gemüse putzen, Zähne putzen, die Katze füttern, den Rasen mähen ... Entweder liegt das Baby im selben Raum auf einer Decke oder du hast es auf deinem Arm oder in einem Tragetuch dabei. Sollte es bereits größer sein, kannst du es auf die Hüfte nehmen – entweder im Tragetuch oder auf einem Tragesitz auf der Hüfte, wie z. B. »Easy Rider«. (Achte jeweils darauf, dass beide Hände des Kindes vorn sind, sodass seine Schultern nach vorn gerundet und seine Wirbelsäule rotiert ist).

Ist dein Kind schon größer, kann es auf dem Küchentresen sitzen oder auf einem Hocker stehen und zuschauen. Beziehe es möglichst früh in deine Tätigkeiten mit ein: Gib ihm einen Teller zum Tischdecken, einen Löffel zum Umrühren, eine Zahnbürste zum Mitbürsten, einen Besen zum Mitfegen, Wäscheklammern zum Wäscheaufhängen usw. Nutze seinen Wunsch mitzumachen, nachzuahmen und später dann auch selbst zu machen.

Genieße das gemeinsame Tun mit deinem Kind als Möglichkeit, zu interagieren und Freude zu erleben oder auch andere Empfindungen und Gefühle zu teilen, z. B. »Hmmmmm, das schmeckt!« oder »Aua, heißßßßß!« oder »Uh, das ist ganz sauer!« oder »Uih, wie das blubbert« oder »Den Teller schön festhalten ... geschafft!« usw.

Beziehe es vor allem in die Tätigkeiten mit ein, die du selbst magst und/oder die dir leicht von der Hand gehen. Du solltest das mögen, was du tust.

Berücksichtige aber, wenn möglich, auch das Interesse deines Kindes: Mag es lieber mit dir backen als kochen? Dann backe mit ihm, sofern auch du das gerne magst!

Versuche, dein Kind in möglichst vollständige Abläufe miteinzubeziehen; so kann es lebensnahe Prozesse von Anfang bis Ende erleben. Beispielsweise den Kuchen planen (»Wir backen einen Schokokuchen! Wir wählen ein Rezept aus«), Zutaten zusammenstellen, den Teig mischen, die Backform füllen, den Kuchen in den Ofen schieben, den Kuchen beobachten, den Kuchen herausnehmen, den Kuchen abkühlen lassen, den Kuchen essen.

Was du damit bewirkst:

- Dein Kind entwickelt Freude am gemeinsamen Tun in Haushalt und Garten.
- Die Tätigkeiten auszuführen wird selbstverständlich für dein Kind.
- Dein Kind erlebt sich als selbstwirksam, kompetent und wichtig in seinem Beitrag zum großen Ganzen.
- Du stärkst das Prozessvertrauen deines Kindes bzw. sein Vertrauen, dass »es schon gut werden wird.«

Don'ts

Schließe dein Baby oder kleines Kind nicht von deinen Tätigkeiten, deinem Alltag und schließlich deinem Leben aus.

Führe deine Tätigkeiten möglichst nicht mit Unlust, Ungeduld und Stress aus.

Sei nicht ungeduldig mit deinem Kind, wenn es die Dinge nicht so schnell oder gut machen kann wie du. Vergiss also nicht, von vornherein genug Zeit einzuplanen.

Vergiss auch nicht, dass die Interaktion mit deinem Kind und der freudige Kontakt immer noch das Wichtigste bei den gemeinsamen Tätigkeiten sind.

Übe keinen Druck auf dein Kind aus, dass es bei bestimmten Tätigkeiten mitmachen soll, bei denen es zunächst nicht mitmachen möchte.

Was du sonst bewirken könntest:

- Dein Kind verliert möglicherweise die Lust, in Haushalt und Garten mitzumachen.
- Dein Kind hat weniger Gelegenheit, lebensnahe Prozesse zu erleben und damit sein Vertrauen in das Leben und die mit ihm einhergehenden Veränderungen weiter zu festigen.

Gut zu wissen

Sogenannte »lebensnahe« Tätigkeiten verlaufen in ähnlichen Prozessen bzw. Prozessschritten wie die vegetativen Prozesse im Körper. So, wie das Vegetativum zwischen Sympathikus- und Parasympathikusaktivität hin- und herschwingt und dabei entsprechende Prozesse durchläuft, tut es also beispielsweise auch die Tätigkeit des Kuchenbackens: Zunächst wird aktiv geplant und eingekauft, zusammengemischt und -gerührt (»Sympathikus«), dann wird der Kuchen in den Ofen geschoben: Wir können nichts mehr tun, müssen »loslassen« und passiv vertrauen, dass alles gutgeht (»Parasympathikus«). Dann kommt wieder eine sympathische Phase: Das Herausholen, Aufschneiden, Anschauen, Riechen, Schmecken usw. Dann folgt wieder eine parasympathische Phase, wenn es an die Verdauung geht ...

Kinder diese Prozesse immer wieder erleben zu lassen, ist neben der feinfühligen Interaktion und sicheren Bindung ein weiterer Faktor, der ihr Vertrauen in das Leben stärkt: Sie können besser loslassen, haben weniger Ängste und sind zuversichtlicher, »dass alles gut werden wird«.

Konflikte, Regelverstöße und anderes schwieriges Verhalten beim Kleinkind

Dos

Mache dir immer wieder bewusst, dass dein Kind sein Verhalten noch nicht eigenverantwortlich steuern kann und dass ihm deshalb keinerlei Vorwurf gebührt. Das gilt auch für wirklich unsoziales, unsympathisches und unmoralisches Verhalten wie z. B. Hauen, Kratzen, Beißen, mit Sand werfen, Kleinere schubsen, Nichtteilen-Wollen, anderen einfach etwas wegnehmen, Sachen von anderen kaputtmachen, Essen auf den Boden spucken oder werfen, die antike Kommode mit Wachsmalstiften anmalen, zu Oma »Du bist doof« sagen, immer genau das Gegenteil von dem machen, was wir sagen, lachen, wenn sich jemand wehtut ... Und natürlich gibt es die sogenannte »Trotzphase« – die Phase, in der das Kind sein Ich entdeckt und nun sehr intensiv spürt, was es haben oder machen möchte – möglicherweise in Abgrenzung von seinen Eltern.

Stoppe bzw. unterbinde gefährliches, übergriffiges oder Regeln verletzendes Verhalten – wenn möglich – sofort. Nutze dazu auch deine körperliche Überlegenheit. Zum Beispiel hältst du den Arm deines Kindes fest, wenn es (nochmal) hauen möchte. Oder du hältst es an den Schultern zurück, wenn es auf die Straße laufen möchte. Mache das ohne (inneren) Vorwurf.

Bleibe bei deinem Kind. Unterstütze und begleite es in schwierigen Situationen, auch wenn es sich »unmöglich« benommen hat, wütend ist, schimpft und um sich schlägt und tritt.

Stehe zu deinem Kind, auch wenn andere drumherum stehen und von dir möglicherweise unausgesprochen erwarten, dass du dein Kind korrigierst, maßregelst oder sogar bestrafst.

Interessiere dich dafür, was dein Kind genau gemacht hat und was es dazu gebracht hat, das zu tun, was es getan hat oder tut: Welche Bedürfnisse oder Gefühle stecken hinter dem Verhalten?

Übernimm die volle Verantwortung für die Situation und dein Kind. Frage dich, was du tun kannst, damit es sich anders verhalten kann.

Zumindest kannst du schon mal feinfühlig reagieren: Beschreibe dem Kind dann in kurzen Sätzen, was du gesehen und gehört hast, damit es die Verbindung zwischen den Ereignissen und seinem inneren Erleben herstellen kann. Vielleicht war Emil gerade am Spielen, als die Oma gesagt hat, dass es jetzt ins Bett geht? Und dann hat Emil gesagt, dass Oma doof ist?

Benenne im nächsten Schritt das Bedürfnis und spiegle – mit wirklichem Mitfühlen – die Gefühle. In Emils Fall vielleicht so: »Du hattest gerade ganz viel Spaß und dann hat Oma gesagt, dass es jetzt ins Bett geht, und da bist du ganz enttäuscht und wütend geworden. Du wolltest so gern noch weiterspielen!«

Finde dann im nächsten Schritt, eventuell auch gemeinsam mit dem Kind, eine Lösung: Vielleicht gibt es eine Verhandlungslösung zwischen Oma und Emil, in der Emil die Straße noch zu Ende bauen kann und dann zum Zähneputzen geht? Wichtig: Die Erwachsenen haben die Verantwortung dafür, dass es wieder gut wird!

Überprüfe zusätzlich, inwiefern sich die Auslösung des problematischen Verhaltens bei deinem Kind zukünftig vermeiden lässt, also welche sinnvollen Konsequenzen du ziehen könntest: Solltet ihr vielleicht bestimmte Kinder, Spielplätze, Einkaufsmöglichkeiten eine Weile meiden? Solltet ihr vielleicht mit Oma und Opa sprechen und ihnen nahelegen, mehr Zeit für Übergänge einzuplanen? Solltet ihr eure Tagesstruktur und eure Abläufe vielleicht überdenken? Solltet ihr vielleicht zu Hause umräumen, umgestalten, etwas wegräumen, aufräumen?

Sollten deine Bemühungen mit der Reifung deines Kindes nicht fruchten bzw. sollte dein Kind im Vergleich zu Gleichaltrigen ungewöhnlich oft durch schwieriges Verhalten auffallen, solltest du mögliche

Schwierigkeiten in der Ausreifung der Körperwahrnehmung in Betracht ziehen und euch Unterstützung holen.

Was du damit bewirkst:

- Dein Kind fühlt sich in seinen Bedürfnissen und Gefühlen wahr- und angenommen. Es fühlt sich sicher und geborgen in der Beziehung zu dir. Es fühlt sich in Kontakt mit dir. Das führt möglicherweise zu einer unmittelbaren Beruhigung und Deeskalation.
- Es kann sich selbst besser verstehen, kommt selbst immer besser in Kontakt mit seinen Bedürfnissen und Gefühlen und lernt, sich auch immer besser selbst zu regulieren.
- Beruhigte Kinder – ob von Mama, Papa, Oma oder durch Selbstregulation – haben wieder mehr Verhaltensoptionen. Also steigt die Wahrscheinlichkeit, dass das Kind wieder kooperieren kann.
- Dein Kind fühlt sich sicher und geborgen in seinem Körper und seinen Grenzen, da es Kind und frei von Verantwortung sein darf.

Don’ts

Mache dem Kind keinen Vorwurf, auch nicht innerlich. Gib dem Kind keine Verantwortung für sein Verhalten. (Ab einem Alter von 14 Jahren kannst du darüber nachdenken!)

Erläutere dem Kind nicht, dass sein Verhalten falsch ist bzw. wie es sich in Zukunft bitte verhalten soll. Fokussiere generell nicht auf das Verhalten!

Fordere dein Kind nicht dazu auf bzw. nötige es nicht, andere zu trösten, ihnen etwas zu schenken, sie zu »verarzten« oder sich zu entschuldigen. Kinder lernen diese Verhaltensweisen selbstständig durch Nachahmung und Empathie, nicht durch »Dressur«, Erklärung oder Druck. Zudem ist ein nicht von Herzen kommendes Verhalten für den jeweiligen Empfänger nur eine beschämende und hohle Geste.

Schicke dein Kind nicht weg, bzw. gehe du nicht weg von ihm, wenn ihr im Konflikt seid. Erfinde keine »stille Treppe« oder »Auszeit« etc.

Ziehe keine »Konsequenzen« bzw. mache keine Aussagen, die das Kind in irgendeiner Weise als Bestrafung empfinden könnte, die ihm die Verantwortung für sein »Fehlverhalten« übertragen und es irgendwie unter Druck setzen, sein Verhalten zu ändern. Zum Beispiel: »Wir sehen Simon so lange nicht mehr, bis du ihn nicht mehr haust«, »Du bleibst so lange in deinem Zimmer, bis du dich beruhigt hast«, »Du bekommst (als einziges Kind) keine Bonbons mehr, wenn du nicht von ihnen abgibst!«, »Auf den Spielplatz gehen wir nicht mehr, weil du an der Rutsche immer schubst!«

Was du sonst bewirken könntest:

- Das Kind fühlt sich schuldig, falsch und schlecht. Es fühlt sich unsicher in der Beziehung zu dir.
- Es erhält keine Hilfe zur Regulation. Im Gegenteil: Seine Erregung bzw. sein Stress erhöhen sich, sodass es ihm immer schwerer fällt, sich zu beruhigen und zu kooperieren.
- Die Wahrscheinlichkeit, dass das Kind weiterhin bzw. immer mehr schwieriges Verhalten zeigt, steigt.
- Das Kind fühlt sich in den eigenen Grenzen weniger sicher und geborgen, da es bereits zu viel Verantwortung – nämlich für sein Verhalten – übertragen bekommt.

Ein Beispiel aus der Supervision im Kindergarten

Die Erzieherin Johanna berichtet von folgender Situation: Fritz und Peter, beide drei Jahre alt, sitzen in der Sandkiste. Fritz hat eine Schaufel, mit der er ein tiefes Loch gräbt, Peter lässt Sand durch seine Finger rieseln. Fritz hat ein Blatt in seinem Loch entdeckt und legt kurz die Schaufel ab, um das Blatt mit der Hand herauszuholen. Sofort greift sich Peter die Schaufel. Fritz sieht das, greift nun auch nach der Schaufel, beide zerren schreiend an der Schaufel. Schließlich gelingt es Fritz, Peter die Schaufel wieder zu entreißen. Peter greift weiter danach, da haut Fritz ihm die Schaufel wutentbrannt auf den Kopf. Peter weint.

Nun eilt die Erzieherin Johanna herbei: Sie sagt laut und deutlich zu Fritz: »Hier wird nicht gehauen!«, und: »Wer mit der Schaufel haut, darf keine Schaufel mehr haben!« Mit diesen Worten entwendet sie Fritz die Schaufel. Dann wendet sie sich dem weinenden Peter zu. Sie untersucht seinen Kopf und streichelt ihn: »Das hat ganz schön wehgetan, oder? Das war aber auch nicht in Ordnung von Fritz!« Zu Fritz wieder: »Guck mal, du hast Peter richtig doll wehgetan!«

Peter beruhigt sich unter der Zuwendung von Johanna etwas. Fritz aber gerät zunehmend außer sich: Er schimpft und wirft mit Sand nach Peter und Johanna, die schließlich zu ihm sagt: »Das geht gar nicht, du musst jetzt auf die Bank!« Sie setzt Fritz auf die Bank zu ihrer Kollegin. Die Schaufel sperrt sie in den Schuppen. Denn auch Peter bekommt diese nicht. Zu ihm sagt Johanna: »Wir nehmen nicht einfach die Schaufel, die ein anderes Kind gerade benutzt!«

Johanna fragt mich, was sie mit Fritz machen soll.

Zunächst versuche ich, Johanna nachvollziehbar zu machen, wie sich Fritz und Peter gefühlt haben mögen und inwiefern sie zur Eskalation der Situation beigetragen hat: Wir sind uns schnell einig, dass sich vor allem Fritz wahrscheinlich nicht wahr- und angenommen, sondern eher falsch und schuldig gefühlt hat, dass er von ihr keine Hilfe bekommen hat, sich zu regulieren und die Situation zu verstehen, und dass sie schließlich auch nicht die Verantwortung für die Situation und für eine Lösung übernommen hat.

Ich empfehle ihr für solche und ähnliche Situationen folgende Schritte in der Interaktion bei Konflikten:

- Sich mit Interesse die Fragen stellen: Was ist geschehen? Wer hat was genau gemacht? Wie mögen sich die Kinder jeweils fühlen?
- Gleichzeitig ohne Vorwurf schnellstmöglich die Übergriffe stoppen: den Arm von Fritz zurückhalten, ebenso das Greifen von Peter nach der Schaufel.
- Beschreiben, was sie wahrgenommen hat, Gefühle spiegeln und Bedürfnisse benennen – von beiden Kindern: Zu Fritz: »Ich habe gesehen, dass du mit der Schaufel ein ganz tiefes Loch gebuddelt hast. Und du wolltest das noch viel tiefer machen, und da hat Peter deine Schaufel genommen und da bist du so wütend geworden, dass du ihm die Schaufel auf den Kopf gehauen hast!« Zu Peter: »Du hast die Schaufel genommen, und dann hat Fritz sie wiederhaben wollen, aber du wolltest so gerne auch mit der Schaufel buddeln, dass du sie ganz festgehalten hast. Und dann hat Fritz dich mit der Schaufel gehauen, und das tut nun ganz doll weh – ach je!«
- Gemeinsam eine Lösung finden bzw. dafür sorgen, dass es wieder gut wird: Vielleicht kann Johanna Fritz fragen, ob sie zusammen für Peter ein Kühlpack holen gehen? Vielleicht können sie zu dritt nach einer zweiten Schaufel für Peter suchen?

Bei einem weiteren Supervisionstermin berichtet Johanna, dass ihr bereits kleine Schritte in diese Richtung gelungen seien. Es brauche insbesondere viel innere Arbeit, dem Kind jeweils keinen Vorwurf zu machen. Aber auch die Gefühle zu benennen und zu spiegeln brauche Übung. Dennoch habe sie bereits einige Situationen mit Kindern – u. a. mit Fritz – auf diese Art schneller deeskalieren und für alle positiver lösen können.

Der Ernst des Lebens und Humor

Dos

Scherze mit deinem Kind, lacht zusammen, wann immer es dazu aufgelegt ist.

Baue Fehler ein, über die ihr zusammen lachen könnt: im Gespräch, beim gemeinsamen Tun, beim Spielen. Vertausche Buchstaben und Wörter, singe falsch, verwechsle Namen, nimm den falschen Weg, lege dich ins falsche Bett, nimm die Kinderzahnbürste, mach das Gegenteil von dem, was das Kind sagt ... Und schaue, ob das Kind den Fehler entdeckt und sich darüber freut!

Überrasche dein Kind: Lasse dir von ihm die Zähne putzen, rufe ein indisches Essen aus und iss wie dein Kind mit den Händen, mache einen Handstand an der Wand, wenn das Kind sinnlos im Raum herumrennt, rufe laut »Mäh!«, wenn es unerträgliche Geräusche macht.

Begegne schwierigen Situationen mit Humor. Will Lisa ihre Regenhose nicht anziehen? Frage sie, ob ihr mal tauschen wollt und du ihre anprobieren darfst!

Versuche, schwierige Situationen spielerisch zu lösen: Beziehe Puppen und Kuscheltiere in Gespräche mit ein. Vielleicht will der Teddy nach draußen, obwohl es regnet? Oder die Puppe Susi möchte unbedingt mit zum Zähneputzen? Nimm Reime und Lieder zu Hilfe, die eure Tätigkeiten begleiten – man kann sie und auch die Wörter darin spontan erfinden! Je lustiger, desto leichter wird es!

Was du damit bewirkst:

- Du entschärfst und deeskalierst schwierige Situationen. Das Leben fühlt sich wieder leichter an.
- Durch das gemeinsame Lachen entsteht wieder ein positiver Kontakt zwischen dir und deinem Kind.
- Dein Kind entspannt sich, hat Lust, mit dir zusammen zu sein, und ist besser in der Lage, zu kooperieren.

- Du bekommst Abstand zu der Situation. Das könnte dazu führen, dass dir neue, möglicherweise überraschende Lösungen einfallen.

Don'ts

Mache keine Scherze, wenn dein Kind z. B. wütend oder traurig ist und diese Gefühle noch nicht genug Raum zwischen euch gehabt haben.

Nimm nicht alles so ernst. Auch Wutanfälle in der Öffentlichkeit kann man in Würde mit dem Kind durchstehen und später über diese teils skurrilen Situationen lachen!

Unterschätze nicht den Sinn deines Kindes für Humor.

Was du sonst bewirken könntest:

- Du kannst dein Kind verletzen, wenn du seine Gefühle und Bedürfnisse nicht ernst nimmst bzw. es den Eindruck gewinnt, dass du darüber lachst.
- Schwierige Situationen werden immer schwieriger bzw. erscheinen immer auswegloser, je ernster du sie nimmst.
- Dein Kind lernt nicht, wie hilfreich Humor – an der richtigen Stelle – im Leben sein kann.

Ermutigung

Das Wunderbare an Babys und Kleinkindern ist – unter anderem – dass noch alle Möglichkeiten in ihnen verborgen sind. Noch können sie alles werden und alles sein. Die Zukunft Ihres Kindes ist wie eine Geschichte, die noch geschrieben werden muss: Von Ihrem Kind, von Ihnen als Mutter oder Vater, von den Menschen, denen es begegnet, den Ereignissen in seinem Leben und den Erfahrungen, die es macht.

Es ist eine große Verantwortung, für ein so fragiles Wesen wie ein Baby oder Kleinkind zu sorgen und es so zu begleiten, dass es sich gesund und glücklich entwickelt und später als Erwachsener ein erfülltes Leben führen und seine »eigene Geschichte« schreiben kann.

Ich hoffe, mit diesem Buch Ihnen als Eltern ein paar »Leitplanken« und damit einen Rahmen gegeben zu haben, innerhalb dessen Sie vertrauen können, Ihren Weg im Einklang mit Ihrem Gefühl bzw. Ihrer Intuition mit Ihrem Kind zu finden, um es möglichst gut darin zu unterstützen, der Mensch zu werden, der es werden möchte.

Service

Glossar

Bewegungssinn (Seite 29): Mit dem Bewegungssinn werden die eigenen, aktiven Bewegungen wahrgenommen und gesteuert. Diese Wahrnehmungen nennt man auch Propriozeption oder Tiefensensibilität. Sinnesorgan sind die Muskelspindeln in den Gelenken.

Bindung (Seite 38, 39): Eine Bindung ist ein emotionales Band zwischen zwei Menschen. Kinder entwickeln sichere Bindungen zu den Menschen, die besonders feinfühlig mit ihnen sind. Sichere Bindungen werden internalisiert, d. h., sie werden Teil der psychischen Struktur des Kindes, und sind ein wesentlicher Faktor für deren spätere Resilienz (»Krisenfestigkeit«) und Beziehungsfähigkeit.

Bindungsbedürfnis (Seite 34, 51): Das Bindungsbedürfnis ist ein eigenständiges existenzielles Bedürfnis nach Nähe, Trost und Schutz von Seiten der Bezugspersonen des Babys und Kleinkindes.

Eigenwahrnehmungssinne (Seite 23, 34): Die Eigenwahrnehmungssinne, auch Körpersinne oder basale Sinne genannt, dienen der Wahrnehmung des eigenen Körpers. Zu ihnen gehören der Tastsinn, der Vitalsinn, der Bewegungssinn und der Gleichgewichtssinn.

Feinfühligkeit (Seite 32, 39, 46): Feinfühligkeit besteht aus fest definierten Verhaltensaspekten – Wahrnehmen, Deuten, Angemessenheit der Reaktion – sowie emotionalen Qualitäten wie Wärme, Empathie und Wohlwollen.

Fremdregulation (Seite 28): Unter Fremdregulation versteht man das Beruhigen oder Aktivieren des Babys durch seine Bezugspersonen.

Frühkindliche Reflexe (Seite 30): Babys sind mit vielen Reflexen, wie z. B. dem Greif- oder Saugreflex, ausgestattet, die sich im Laufe der Zeit zurückbilden. Eine besondere Gruppe sind die sogenannten tonischen frühkindlichen Reflexe. Diese bzw. ihre Integration sind für eine gesunde Bewegungsentwicklung des Kindes wichtig.

Gleichgewichtssinn (Seite 32, 101, 107): Mit dem Gleichgewichtssinn nehmen wir den Zug der Schwerkraft, Beschleunigung und Beschleunigungsrichtung) des eigenen Körpers wahr. Sinnesorgane sind der Vestibularapparat im Innenohr, aber auch der Knochenapparat des ganzen Körpers.

hyperton (Seite 32): So bezeichnet man einen Muskeltonus mit zu viel Grundspannung.

hypoton (Seite 32): So bezeichnet man einen Muskeltonus mit zu wenig Grundspannung.

Muskeltonusregulation (Seite 30, 100, 107): Der Muskeltonus wird im ersten Lebensjahr von unteren Hirnregionen in eine Grundspannung gebracht, von der aus je nach Anforderung so viel Spannung wie nötig und so wenig Spannung wie möglich hergestellt wird.

Parasympathikus (Seite 26, 138): Der Parasympathikus ist der Teil des vegetativen Nervensystems, der uns schlafen, verdauen und regenerieren lässt.

Reflexintegration (Seite 30, 103): Inzwischen geht man nicht mehr davon aus, dass die frühkindlichen Reflexe abgebaut werden. Stattdessen spricht man von einer Integration in reifere und freie Bewegungsmuster.

Rotiert/Rotation (Seite 105, 136): Gesunde Bewegung zeichnet sich wie z. B. beim Gehen durch Rotation aus. Dabei werden Schultergürtel und Becken im Kreuzmuster gegeneinander bewegt. Das führt zu einer Rotation oder »Spiralisierung« der Wirbelsäule. Rotierte Bewegungen sind elementar für die Ausreifung der Muskeltonusregulation.

Selbstregulation (Seite 26, 42, 65): Das Baby bzw. kleine Kind lernt immer mehr, sich selbst zu regulieren, also sich zu beruhigen oder sich zu aktivieren.

Stress (Seite 27, 39): Stress ist ein physiologisches Geschehen im vegetativen Nervensystem, das zu einer starken Aktivierung des Sympathikus außerhalb des Stresstoleranzbereiches führt, oft gefolgt von einer parasympathischen Erschlaffung – ebenso außerhalb des Stresstoleranzbereichs.

Stresstoleranzbereich (Seite 27, 28): Der Stresstoleranzbereich ist ein individuell unterschiedlich großer Bereich, in dessen Mitte körperliches Wohlgefühl empfunden wird bzw. in dem das vegetative Nervensystem mit Belastungen noch ohne Stress umgehen kann.

Sympathikus (Seite 26, 138): Der Sympathikus ist der Teil des vegetativen Nervensystems, der uns wach und aktiv sein lässt und mit dem wir Energie verbrauchen.

Tastsinn (Seite 24): Der Tastsinn ist der Eigenwahrnehmungssinn, mit dem die Grenze des eigenen Körpers wahrgenommen wird. Das Sinnesorgan ist die Haut.

Vitalsinn (Seite 26, 29, 52): Der Vitalsinn ist der Eigenwahrnehmungssinn, mit dem die Stoffwechselprozesse im eigenen Körper wahrgenommen und reguliert werden. Das Sinnesorgan ist das vegetative Nervensystem.

Empfehlungen von Annette Willand

Entwicklungsdiagnostik und Elternberatung

Bernard Lievegoed Institut e. V.
Am Felde 2
22765 Hamburg
Tel.: 040 430 80 81
Mail: info@bli-hamburg.de
Website: www.bli-hamburg.de

Neurophysiologische Nachreifung der Muskeltonusregulation

Auf www.bli-hamburg.de werden unter dem Menüpunkt »Team« sämtliche Embodiment-Therapeuten aufgeführt. (Zugriff am 10.06.2022)

Auf www.rotatherapie.com können Therapeuten herausgesucht werden. (Zugriff am 10.06.2022)

Sichere Bindung

Zur Förderung einer sicheren Bindung zwischen Eltern und Kind werden auf www.khbrisch.de Elternkurse angeboten. (Zugriff am 10.06.2022)

Gewichts- oder Therapiedecken

Diese können z. B. unter www.therapiedecken.de bestellt werden. (Zugriff am 10.06.2022)

Bücher

Gerald Hüther und Ingeborg Weser: **Das Geheimnis der ersten neun Monate: Reise ins Leben**. Beltz Verlag 2015.

Nicola Schmidt und Claudia Meitert: **artgerecht**. Das andere Babybuch. Kösel Verlag 2021.

Herbert Renz-Polster: **Kinder verstehen**. Born to be wild: Wie die Evolution unsere Kinder prägt. Kösel Verlag 2015.

Philippa Perry: **Das Buch, von dem du dir wünschst, deine Eltern hätten es gelesen** (und deine Kinder werden froh sein, wenn du es gelesen hast). Ullstein Verlag 2021.

Alfie Kohn: **Liebe und Eigenständigkeit**. Die Kunst bedingungsloser Elternschaft, jenseits von Belohnung und Bestrafung. arbor Verlag 2010.

Richard Louv: **Das letzte Kind im Wald?** Geben wir unseren Kindern die Natur zurück! Beltz Verlag 2011